老舍小说精汇

老张的哲学

舒乙/主编

文汇出版社

图书在版编目（CIP）数据

老张的哲学 / 老舍著 .- 上海：文汇出版社，2008.11
ISBN 978-7-80741-444-5

Ⅰ.老… Ⅱ.老… Ⅲ.长篇小说－中国－现代
Ⅳ.I246.5

中国版本图书馆 CIP 数据核字（2008）第 160190 号

老张的哲学

作　　者 /	老　舍
插　　图 /	高荣生
责任编辑 /	若　晨　江　飞
装帧设计 /	灵动视线
出版发行 /	**文匯**出版社
	上海市威海路 755 号
	（邮政编码 200041）
经　　销 /	全国新华书店
印　　刷 /	山东新华印刷厂临沂厂
版　　次 /	2008 年 11 月第 1 版
印　　次 /	2008 年 11 月第 1 次印刷
开　　本 /	870×1092　1/32
字　　数 /	137 千
印　　张 /	7
书　　号 /	ISBN 978-7-80741-444-5
定　　价 /	22.00 元

老舍小传

老舍（1899.2.3—1966.8.24），我国现代文豪，小说家，戏剧作家。原名舒庆春，字舍予，满族，北京人。出身寒苦，自幼丧父，北京师范学校毕业，早年任小学校长、劝学员。1924年赴英在伦敦大学东方学院教中文，开始写作，连续在《小说月报》上发表长篇小说《老张的哲学》、《赵子曰》、《二马》，成为我国现代长篇小说奠基人之一。归国后先后在齐鲁大学、山东大学任教，同时从事写作，其间代表作有长篇小说《猫城记》、《离婚》、《骆驼祥子》，中篇小说《月牙儿》、《我这一辈子》，短篇小说《微神》、《断魂枪》等。抗日战争爆发后到武汉和重庆组织中华全国文艺界抗敌协会，对内总理会务，对外代表"文协"，创作长篇小说《四世同堂》，并对现代曲艺进行改良。1946年赴美讲学，四年后回国，主要从事话剧剧本创作，代表作有《龙须沟》、《茶馆》，荣获"人民艺术家"称号，被誉为语言大师。曾任全国文学艺术界联合会副主席、全国作家协会副主席及北京市文联主席。1966年"文革"初受严重迫害后自沉于太平湖中。有《老舍全集》十九卷。

第 一

老张的哲学是"钱本位而三位一体"的。他的宗教是三种：回，耶，佛；职业是三种：兵，学，商；言语是三种：官话，奉天话，山东话。他的……三种；他的……三种；甚至于洗澡平生也只有三次。洗澡固然是件小事，可是为了解老张的行为与思想，倒有说明的必要。

老张平生只洗三次澡：两次业经执行，其余一次至今还没有人敢断定是否实现，虽然他生在人人是"预言家"的中国。第一次是他生下来的第三天，由收生婆把那时候无知无识的他，像小老鼠似的在铜盆里洗的。第二次是他结婚的前一夕，自动的到清水池塘洗的。这次两个铜元的花费，至今还在账本上写着。这在老张的历史上是毫无可疑的事实。至于将来的一次呢，按着多数预言家的推测：设若执行，一定是被动的。简言之，就是"洗尸"。

洗尸是回教的风俗，老张是否崇信默哈莫德呢？要回答这个问题，似乎应当侧重经济方面，较近于确实。设若老张"呜乎哀哉尚飨"之日，正是羊肉价钱低落之时，那就不难断定他的遗嘱有"按照回教丧仪，预备六小件一海碗的清真教席"之倾向。（自然惯于吃酒吊丧的亲友们，也可以借此换一换口味。）而洗尸问题或可以附带解决矣。

不过，十年，二十年，或三十年后肉价的涨落，实在不易有精密的推测；况且现在老张精神中既无死志，体质上又看不出颓唐之象，于是星相家推定老张尚有十年，二十年，或三十年之寿命，与断定十年，二十年，或三十年后肉价之增减，有同样之不易。

猪肉贵而羊肉贱则回，猪羊肉都贵则佛，请客之时则耶。

为什么请客的时候则耶？

耶稣教是由替天行道的牧师们，不远万里而传到只信魔鬼不晓得天国的中华。老教师们有时候高兴请信徒们到家里谈一谈，可以不说"请吃饭"，说"请吃茶"；请吃茶自然是西洋文明人的风俗。从实惠上看，吃饭与吃茶是差的多；可是中国人到洋人家里去吃茶，那"受宠若惊"的心理，也就把计较实惠的念头胜过了。

这种妙法被老张学来，于是遇万不得已之际，也请朋友到家里吃茶。这样办，可以使朋友们明白他亲自受过洋人的传授，至于省下一笔款，倒算不了什么。满用平声仿着老牧师说中国话："明天下午五点钟少一刻，请从你的家里走到我的家里吃一碗茶。"尤为老张的绝技。

营商，为钱；当兵，为钱；办学堂，也为钱！同时教书营商又当兵，则财通四海利达三江矣！此之谓"三位一体"；此之谓"钱本位而三位一体"。

依此，说话三种，信教三样，洗澡三次，……莫不根据于"三位一体"的哲学理想而实施。

老张也办教育？

真的！他有他自己立的学堂！

他的学堂坐落在北京北城外，离德胜门比离安定门近的一个小镇上。坐北朝南的一所小四合房，包着东西长南北短的一个小院子。临街三间是老张的杂货铺，上自鸦片，下至葱蒜，一应俱全。东西配房是他和他夫人的卧房；夏天上午住东房，下午住西房；冬天反之；春秋视天气冷暖以为转移。既省凉棚及煤火之费，长迁动着于身体也有益。北房三间打通了槅段，足以容五十多个学生，土砌的横三竖八的二十四张书桌，不用青灰，专凭墨染，是又黑又匀。书桌之间列着洋槐木作的小矮脚凳；高身量的学生，蹲着比坐着舒服；小的学生坐着和吊着差不多。北墙上中间悬着一张孔子像，两旁配着彩印的日俄交战图。西墙上两个大铁帽钉子挂着一块二尺见方的黑板；钉子上挂着老张的军帽和阴阳合历的宪书。门口高悬着一块白地黑字的匾，匾上写着"京师德胜汛①公私立官商小学堂"。

老张的学堂，有最严的三道禁令：第一是无论春夏秋冬闰月不准学生开教室的窗户；因为环绕学堂半里而外全是臭水沟，无论刮东西南北风，永远是臭气袭人。不准开窗以绝恶臭，于是五十多个学生喷出的炭气，比远远吹来的臭气更臭。第二是学生一切用品点心都不准在学堂以外的商店去买；老张的立意是在增加学生爱校之心。第三不准学生出去说老张卖鸦片。因为他只在附近烟馆被官厅封禁之后，才作暂时的接济；如此，危险既少，获利又多；至于自觉身分所在不愿永远售卖烟土，虽非主要原因，可是我们至少也不能

---

① 德胜汛，"汛"读"训"，清时北京军队或防地名称。"德胜汛"即驻防德胜门外的军队。北京人民国后，仍沿用各汛名称。北郊德胜门外仍称"德胜汛"。

不感谢老张的热心教育。

老张的地位：村里的穷人都呼他为"先生"。有的呢，把孩子送到他的学堂，自然不能不尊敬他。有的呢，遇着开殃榜，批婚书，看风水，……都要去求他，平日也就不能不有相当的敬礼。富些的人都呼他为"掌柜的"，因为他们日用的油盐酱醋之类，不便入城去买，多是照顾老张的。德胜汛衙门里的人，有的呼他为"老爷"，有的叫他"老张"，那要看地位的高低；因为老张是衙门里挂名的巡击。称呼虽然不同，而老张确乎是镇里——二郎镇——一个重要人物！老张要是不幸死了，比丢了圣人损失还要大。因为哪个圣人能文武兼全，阴阳都晓呢？

老张的身材按营造尺是五尺二寸，恰合当兵的尺寸。不但身量这么适当，而且腰板直挺，当他受教员检定的时候，确经检定委员的证明他是"脊椎动物"。红红的一张脸，微点着几粒黑痣；按《麻衣相法》说，主多才多艺。两道粗眉连成一线，黑丛丛的遮着两只小猪眼睛。一只短而粗的鼻子，鼻孔微微向上掀着，好似柳条上倒挂的鸣蝉。一张薄嘴，下嘴唇往上翻着，以便包着年久失修渐形垂落的大门牙，因此不留神看，最容易错认成一个夹馅的烧饼。左脸高仰，右耳几乎扛在肩头，以表示着师位的尊严。

批评一个人的美丑，不能只看一部而忽略全体。我虽然说老张的鼻子像鸣蝉，嘴似烧饼，然而决不敢说他不好看。从他全体看来，你越看他嘴似烧饼，便越觉得非有鸣蝉式的鼻子配着不可。从侧面看，有时鼻洼的黑影，依稀的像小小的蝉翅。就是老张自己对着镜子的时候，又何尝不笑吟吟的夸道："鼻翅掀着一些，哼！不如此，怎能叫妇人们多看两眼！"

第 二

那是五月的天气，小太阳撅着血盆似的小红嘴，忙着和那东来西去的白云亲嘴。有的唇儿一挨慌忙的飞去；有的任着意偎着小太阳的红脸蛋；有的化着恶龙，张着嘴想把她一口吞了；有的变着小绵羊跑着求她的青眼。这样艳美的景色，可惜人们却不曾注意，那倒不是人们的错处，只是小太阳太娇羞了，太泼辣了，把要看的人们晒的满脸流油。于是富人们支起凉棚索兴不看；穷人们倒在柳荫之下作他们的好梦，谁来惹这个闲气。

一阵阵的热风吹来的柳林蝉鸣，荷塘蛙曲，都足以增加人们暴躁之感。诗人们的幽思，在梦中引逗着落花残月，织成一片闲愁。富人们乘着火艳榴花，茧黄小蝶，增了几分雅趣。老张既无诗人的触物兴感，又无富人的及时行乐；只伸着右手，仰着头，数院中杏树上的红杏，以备分给学生作为麦秋学生家长送礼的提醒。至于满垂着红杏的一株半大的杏树，能否清清楚楚数个明白，我们不得而知，大概老张有些把握。

"咳！老张！"老张恰数到九十八上，又数了两个凑成一百，把大拇指捏在食指的第一节上，然后回头看了一看。这轻轻的一捏，慢慢的一转，四十多年人世的经验！

"老四，屋里坐！"

"不！我还赶着回去，这两天差事紧的很！"

"不忙，有饭吃！"老张摇着蓄满哲理的脑袋，一字一珠的从薄嘴唇往外蹦。

"你盟兄李五才给我一个电话，新任学务大人，已到老五的衙门，这就下来，你快预备！我们不怕他们文面上的，可也不必故意冷淡他们，你快预备，我就走，改日再见。"那个人一面擦脸上的汗，一面往外走。

"是那位大……"老张赶了两步，要问个详细。

"新到任的那个。反正得预备，改天见！"那个人说着已走出院外。

老张自己冷静了几秒钟，把脑中几十年的经验匆匆的读了一遍，然后三步改作两步跑进北屋。

"小三！去叫你师娘预备一盆茶，放在杏树底下！快！小四！去请你爹，说学务大人就来，请他过来陪陪。叫他换上新鞋，听见没有？"小三，小四一溜烟似的跑出屋外。"你们把《三字经》，《百家姓》收起来，拿出《国文》，快！"

"《中庸》呢？"

"费话！旧书全收！快！"这时老张的一双小猪眼睁得确比猪眼大多了。

"今天把《国文》忘了带来，老师！"

"该死！不是东西！不到要命的时候你不忘！《修身》也成！"

"《算术》成不成？"

"成！有新书的就是我爸爸！"老张似乎有些急了的样子。"王德！去拿扫帚把杏树底下的叶子都扫干净！李应！你是好孩子，拿条湿手巾把这群墨猴的脸全擦一把！快！"

拿书的拿书；扫地的扫地；擦脸的擦脸；乘机会吐舌头的吐舌；挤眼睛的挤眼；乱成一团，不亚于遭了一个小地震。老张一手摘黑板上挂着的军帽往头上戴，一手掀着一本《国文》找不认识的字。

"王德！你的字典？"

"书桌上那本红皮子的就是！"

"你瞎说！该死！我怎么找不着？"

"那不是我的书桌，如何找得到！"王德提着扫帚跑进来，把字典递给老张。

"你们的书怎样？预备好了都出去站在树底下！王德快扫！"老张一手按着字典向窗下看了一眼。"哈哈！叫你扫杏叶，你偷吃我的杏子。好！现在没工夫，等事情完了咱们算账！"

"不是我有意，是树上落下来的，我一抬头，正落在我嘴里。不是有心，老师！"

"你该死！快扫！"

"你一万个该死！你要死了，我就把杏子都吃了！"王德自己嘟囔着说。

王德扫完了，茶也放在杏树下，而且摆上经年不用的豆绿茶碗十二个。小四的父亲也过来了，果然穿着新缎鞋。老张查完字典，专等学务大人驾到，心里越发的不镇静。

"王德！你在门口去了望。看见轿车或是穿长衫骑驴的，快进来告诉我。脸朝东，就是有黄蜂蜇你的后脑海，也别回头！听见没有？"

"反正不是你脑袋。"王德心里说。

"李应！你快跑，到西边冰窖去买一块冰；要整的，不要碎块。"

"钱呢?"

"你衣袋里是什么?小孩子一点宽宏大量没有!"老张显示着作先生的气派。

李应看了看老张,又看了看小四的父亲——孙八爷——一语未发,走出去。

这时候老张才想起让孙八爷屋里去坐,心里七上八下的勉强着和孙八爷闲扯。

孙八爷看着有四十上下的年纪,矮矮的身量,圆圆的脸。一走一耸肩,一高提脚踵,为的是显着比本来的身量高大而尊严。两道稀眉,一双永远发困的睡眼;幸亏有只高而正的鼻子,不然真看不出脸上有"一应俱全"的构造。一嘴的黄牙板,好似安着"磨光退色"的金牙;不过上唇的几根短须遮盖着,还不致金光普照。一件天蓝洋缎的长袍,罩着一件铜钮宽边的米色坎肩,童叟无欺,一看就知道是乡下的土绅士。

不大的工夫,李应提着一块雪白的冰进来。老张向孙八说:

"八爷来看看这一手,只准说好,不准发笑!"

孙八随着老张走进教室来。老张把那块冰接过来,又找了一块木板,一齐放在教室东墙的洋火炉里,打着炉口,一阵阵的往外冒凉气。

"八爷!看这一手妙不妙?洋炉改冰箱,冬暖夏凉,一物两用!"老张挑着大拇指,把眼睛挤成一道缝,那条笑的虚线从脸上往里延长,直到心房上,撞的心上痒了一痒,才算满足了自己的得意。

原来老张的洋炉,炉腔内并没有火瓦。冬天摆着,看一看就觉得暖和。夏天遇着大典,放块冰就是冰箱。孙八看了止不住的夸奖:"到底你喝过墨水,肚子里有货!"

正在说笑,王德飞跑的进来,堵住老张的耳朵,霹雳似的嚷了一声"来了!"同时老张王德一人出了一身情感不同而结果一样的冷汗!

第 三

门外拍拍的掸鞋的声音,孙八忙着迎出来,老张扯开喉咙叫"立——正!"五十多个学生七长八短的排成两行。小三把左脚收回用力过猛,把脚踵全放在小四的脚指上,"哎哟!老师!小三立正,立在我脚上啦!"

"向左——转!摆队相——迎!"号令一下,学生全把右手放在眉边,小四痛的要哭,又不敢哭,只把手遮着眼睛隔着眼泪往外看。前面走的他认识是衙门的李五,后面的自然是学务大人了。

"不用行礼,把手放下,放下,放下!"学务大人显着一万多个不耐烦的样子。学生都把手从眉边摘下来。老张补了一句:"礼——毕!"

李五递过一张名片,老张低声问:"怎样?"李五偷偷的应道:"好说话。"

"大人东屋坐,还是到讲堂去?"老张向学务大人行了个举手礼。

"李先生,你等我一等,我大概看看就走。行家一过眼,站在学堂外边五分钟,就知道办的好坏,那算门里出身。"学务大人耸着肩膀,紧着肚皮,很响亮的嗽了两声,然后鼓着双腮,只转眼珠,不扭脖项的往四外一看。把一口痰用舌尖卷成一个滑腻的圆弹,好似由小唧筒喷出来的唾在杏树底

下。拿出小手巾擦了擦嘴,又顺手擦擦鼻凹的汗。然后自言自语的说:"哼!不预备痰盂!"

"那么老五,八爷,你们哥俩个东屋里坐,我伺候着大人。"老张说。

"不用'大人''大人'的!'先生'就好!新办法新称呼,比不得七八年前。把学生领到'屋里'去!"

"是!到'讲堂'去?"

"讲堂就是屋里,屋里就是讲堂!"学务大人似乎有些不满意老张的问法。

"是!"老张又行了一个举手礼。"向左——转!入讲——堂!"

学生把脚抬到过膝,用力跺着脚踵,震得地上冬冬的山响,向讲堂走来。

老张在讲台上往下看,学生们好似五十多根小石桩。俏皮一点说,好似五十多尊小石佛;瞪着眼,努着嘴,挺着脖子,直着腿。也就是老张教授有年,学务大人经验宏富,不然谁吃得住这样的阵式!五十多个孩子真是一根头发都不动,就是不幸有一根动的,也听得见响声。学务大人被屋里浓厚的炭气堵的,一连打了三个喷嚏;从口袋里掏出日本的"宝丹",连气的往鼻子里吸,又拿出手巾不住的擦眼泪。

老张利用这个机会,才看了看学务大人:

学务大人约有四十五六岁的年纪。一张黑黄的脸皮,当中镶着白多黑少的两个琉璃球。一个中部高峙的鹰鼻,鼻下挂着些干黄的穗子,遮住了嘴。穿着一件旧灰色官纱袍,下面一条河南绸做的洋式裤,系着裤脚。足下一双短筒半新洋皮鞋,露着本地蓝市布家做的袜子。乍看使人觉着有些光线不调，看惯了更显得"新旧咸宜"，"允执厥中"。或者也可以说是东西文化调和的先声。

老张不敢细看，打开早已预备好的第三册《国文》，开始献技。

"《新国文》第三课，找着没有？"

"找着了！"学生都用最高的调子喊了一声。

"听着！现在要'提示注意'。"老张顺着教授书的程序往下念。

"王德！把腰挺起来！那是'体育'，懂不懂？"

王德不懂，只好从已然板直的腰儿，往无可再直里挺了一挺。

"听着！现在要'输入概念'。这一课讲的是燕子，燕子候鸟也。候鸟乃鸟中之一种，明白不明白？"

"明白呀！老师！"学生又齐喊了一声。小三差一点把舌尖咬破，因为用力过猛。

"不叫'老师'，叫'先生'！新事新称呼，昨天告诉你们的，为何不记着？该……该记着！"老张接续讲下去："燕子自北海道飞过小吕宋，渡印度洋而至特耳其司坦，此其所以为候鸟，明白不明白？"

"明白！老师，啊……啊……先生！"这一次喊的不甚齐整。

学务大人把一支铅笔插在嘴里，随着老张的讲授，一一记在小笔记本上。写完一节把舌头吐在唇边，预备往铅笔上沾唾液再往下写。写的时候是铅笔在舌上触两下，写一个字。王德偷着眼看，他以为大人正害口疮；而小三——学务大人正站在他的右边——却以为大人的铅笔上有柿霜糖。

"张先生,到放学的时候不到?"老张正待往下讲书,学务大人忽然发了话。

"差二十分钟,是!"

"你早些下堂,派一个大学生看着他们,我有话和你说。"

"是!李应,你看着他们念书!立——正!行——礼!"

学生们都立起来,又把手摆在眉边,多数乘着机会抓了抓鬓边的热汗,学务大人一些也没注意,大摇大摆的走出讲堂。

"谁要是找死,谁就乘着大人没走以前吵闹!"老张一眼向外,一眼向里,手扶着屋门,咬着牙根低声而沉痛的说。

大人来到东屋,李五,孙八立起来。孙八递过一碗茶,说:"辛苦!多辛苦!大热的天,跑这么远!"

"官事,没法子!贵姓?"大人呷了一口茶,咕噜咕噜的漱口。漱了半天,结果,咽下去了。

"孙八爷,本地的绅士。"老张替孙八回答,又接着说:"今天教的好坏,你老多原谅!"

"教授的还不错,你的外国地名很熟,不过不如写在黑板上好。"大人很郑重的说。

"不瞒先生说,那些洋字是跟我一个盟兄学的。他在东交民巷作六国翻译。据他说,念外国字只要把平仄念调了,准保没错。"老张又一挤眼自外而内的一笑。

"何必你盟兄说,那个入过学堂的不晓得中西文是一理。"大人掏出烟斗拧上了一袋烟,一面接着问:"一共有多少学生?"

"五十四名。是!今天有两个告假的:一个家里有丧事,一个出'鬼风疹'。"

大人写在笔记本上。

"一年进多少学费?"

"进的好呢,一年一百五十元;不好呢,约合一百元的光景。"

大人写在笔记本上,然后问:"怎么叫进的好不好?"

老张转了转眼珠,答道:"半路有退学的,学费要不进来,就得算打伤耗。"

"噢!教科书用那一家的,商务的还是中华的?"

"中华书局的!是!"

大人写在笔记本上。把铅笔含在口内,像想起什么事似的。慢慢的说:"还是用商务的好哇,城里的学堂已经都换了。"

"是!明天就换!明天就换!"

"不是我多嘴,按理说'中华'这个字眼比'商务'好听。前几天在城里听宣讲,还讲'中华大强国',怎么现在又不时兴了呢?"孙八侃侃的说着。

"你怎能比大人懂的多,那一定有个道理。"老张看看孙八,又看了看大人。

大人咳嗽了两声,把手巾掩着嘴像要打哈欠,不幸却没打成。

"官事随时变,"李五乘机会表示些当差的经验:"现在不时兴,过二年就许又复原。当差的不能不随着新事走。是这样说不是?大人!"

"是!是极了!张先生!不是我在你面前卖好,错过我,普天下察学的,有给教员们出法子的没有?察学的讲究专看先生们的缝子，破绽，……"

"大人高明，"李五，孙八一齐说。

"不过，"大人提高了嗓子说："张先生，有一件事我不能不挑你的错。"

李五，孙八都替老张着急。老张却还镇静，说："是！先生指教！"

"你的讲台为什么砌在西边，那是'白虎台'，主妨尅学生家长。教育乃慈善事业，怎能这样办呢！"大人一字一板的说。

"前任的大人说什么教室取左光，所以我把讲台砌在西边。实在说，我还懂一点风水阴阳。上司的命令不敢不遵，先生还得多原谅！"

"不用说前任的话，他会办事，还不致撤了差。不过我决不报上去。要是有心跟你为难，我就不和你当面说了，是不是？"大人笑了，李五，孙八也笑了。

大人又呷了一口茶，立起来。李五，孙八也立起来，只是老张省事，始终就没坐下。

"天热，多休息休息。"孙八说。

"不！下午还打算赶两处。李先生！"

"大人！"李五脸笑的像小酒醉螃蟹似的。

"我们上五里墩，还是黄鱼店？"

"大人请便，守备派我护送大人，全听大人的吩咐！"

"老五！好好伺候大人，我都得请你喝茶，不用说大人……"老张要说又吞回去了。

"黄鱼店罢！"大人似乎没注意老张说什么。

"大人多美言！老五，你领着大人由王家村穿东大屯由吴千总门口走,那一路都是柳树,有些遮掩,日光太毒。"老张说。

大人前面走,孙八跟着不住的道"辛苦"。李五偷偷的扯着老张的袖子,伸了伸大指,老张笑了。

第　四

孙八告辞回家。老张立在门外，直等学务大人和李五走进树林，才深深的喘了一口气走进来。学生们在树底下挤热羊似的抢着喝茶。屋里几个大学生偷着砸洋炉里要化完的那块冰。

"哈哈！谁的主意喝我的茶！"老张照定张成就打。

"老师！不是我的主意，是小四头一个要喝的！"张成用手遮着头说。

"小四要喝？他拿多少学钱，你拿多少？他吃大米，你吃棒子面！喝茶？不怕伤了你的胃！都给我走进去！"老张看了看茶盆，可怜大半已被喝去。老张怒冲冲的走进教室，学生又小石桩一般的坐好。王德的嘴还满塞着冰渣。

"小三，小四，卜凤，王春，……你们回家去吃饭！对家里说，学务大人来了，老师给大人预备的茶水点心，给学生泡的小叶茶，叫家里看着办，该拿多少拿多少。大人察的是你们的学问，老师不能干赔钱。听明白没有？去罢！"

小三们夹起书包，小野鹿似的飞跑去了。

"你们怎么样？是认打，认罚？"

"回家对父亲说，多少送些东西给老师！"七八个学生一齐说。

"说个准数，别含糊着，亲是亲，财是财！"

"老师！我们要是说了，父亲遇上一时不方便呢？"几个大学生说。

"不方便？起初就别送学生来念书！要念书，又要省钱，作老师的怎那么天生的该饿死！不用费话，怕打的说个数目，身上发痒的，板子现成！"

老张把军帽摘下来，照旧挂在挂黑板的帽钉上。脱了长袍，把小汗衫的袖子高高挽起。一手拿起教鞭，一手从讲桌深处扯出大竹板。抡了抡教鞭，活动活动手腕。半恼半笑的说：

"给我个干脆！烧香的还愿，跳山涧的也还愿，钱是你们的，肉也是你们的。愿打，愿罚，快着定！一寸光阴一寸金，耽误我的光阴，你们赔得起黄金吗？"

五六个心慈面善的学生，觉得大热的天吃板条，有些不好意思。他们立起来，有人从家里拿一只小雏鸡的；有人拿五百钱的；老张一一记在账本上，放他们回家。其余的学生认清了：到家要钱也是挨打，不如充回光棍卖给老张几下。万一老张看着人多，也许举行一回大赦呢。

打人就要费力气，费力气就要多吃饭，多吃饭就要费钱，费钱就是破坏他的哲学，老张又何尝爱打人呢？但是，这次不打，下次就许没有一个认罚的，岂不比多吃一碗饭损失的更大？况且，万一打上心火来，吃不下东西，省一两碗饭也未可知。于是学生们的万一之望，敌不过哲学家万一之望，而要充光棍的少年们苦矣！

学生们纷纷擦拳磨掌，增高温度，以备抵抗冰凉铁硬的竹板。有的干干的落泪，却不哭喊出来。老张更怒了："好！你是不服我呀！"于是多打了三板。有的还没走到老张跟前早已痛哭流涕的央告起来。老张更怒了："好！你拿眼泪软我的心，你是有意骂我！"于是多打了三板。有的低声的哭着，眼泪串珠般的滚着。老张更怒了："好！你想半哭半不哭的骗我，狡猾鬼！"于是又打了三板。

老张和其他的哲学家一样，本着他独立不倚的哲学，无论如何设想，是不会矛盾的。

学生们随打随走，现在只剩下李应和王德两个，李应想："我是大学长，自然不会挨打，何况我已给他买了一块冰？"王德呢，自知吃杏子，吃冰等罪案，是无可幸免的，把手搓的鲜红，专备迎敌。

"李应！你怎样？"老张放下竹板，舒展着自己的手腕。

"我不知道！"李应低着头说。

"你以为我不打大学长吗？你不拦着他们喝茶，吃冰，是你的错处不是？"

"茶本来是该喝的，冰是我买的，错不错我不知道。"李应把脸涨红，理直气壮的说。

"哈哈……"老张狂笑了一阵，这回确是由内而外的笑，惟其自内而外，是最难测定是否真笑，因为哲学家的情感是与常人不同的。

"你不错，我错，我要打你！"老张忽然停住了笑声，又把竹板拾起来。

"我要是告退不念呢，叔父不允许。"李应自己想："叫他打呢，有什么脸去见人。"

"我告退不念了！"李应想来想去，觉得叔父怎样也比老张好说话。

"什么？不念了？你要不念就不念！"

"我叔父不叫我念书了！"李应明知自己说谎，可是舍此别无搪塞老张的话。

"你叔父？嗷！你叔父！去，叫你叔父把咱老张的钱连本带利今天都还清，你是爱念不念！"

李应明白了！明白一切的关系！眼泪止不住的流下来。

"哭？会哭就好！"老张用板子转过去指着王德："你怎么样？"

"看着办，好在谁也没吃板条的瘾。"王德笑嘻嘻的说。

王德慢慢的走过去，老张却把板子放下了。王德倒吃了一惊，心里说："老手要是走运，老屁股许要糟糕。"继而又想到："好在一家人，也该叫老屁股替老手一回了。反正你们挨打，疼都在我心上，乐得不换换地方呢！"王德永远往宽处想，一这样想，心里立觉痛快，脸上就笑出来，于是他笑了。

"王德！你跟我到东屋去！"

"我倒不挑选地方挨打。也别说，东屋也许比西屋凉爽一些。"王德说毕，随着老张往东屋走。老张并没拿着板子。

"王德，你今年十几岁？"老张坐下，仰着脸把右手放在鬓边。

"我？大概十九岁，还没娶媳妇，好在不忙。"

"不要说废话，我和你说正经事。"老张似乎把怒气全消了。

"娶媳妇比什么也要紧，也正经。要是说娶妻是废话，天下就没有一句正经话。"王德一面说着，一面找了一条凳子坐下。

"你知道李应的家事不知道？"老张闭着一只眼问。

"我知道他叔父也姓李。"

"别的呢？"

"我还没研究过。"王德说完，哈哈的笑起来。他想起二年前在《国文》上学了"研究"两个字，回家问他父亲："咱们晚饭'研究'得了没有？"被他父亲一掌打在脸上，至今想起来还觉得干辣辣的发烧。父亲不明白儿子说"研究"，你说可笑不可笑。王德越发笑的声音高了。

"你是非打不可，有什么可笑呢？"

"是可笑！人要把鼻子倒长着，下雨的时候往嘴里灌水，难道不可笑？人要把胡子长在手掌上，长成天然小毛刷子，随便刷衣裳，难道不可笑？挨打是手上疼，管不着心里笑！"

"你不知道李应家里的事？"老张早知道王德是宁挨打不止笑的人物，不如听着他笑。

"我不知道。"

"好！你今年十九，李应也十九；他可以作大学长，你为何不可以？假如我要派你作大学长，你干不干？"

王德和李应是最好的学友，他只有一件事不满意李应，就是李应作大学长。王德以为凡是老人都可恨，他的父亲因为他说"研究"就打得他脸上开花。老人，在王德想，就是专凭势力不懂人情的老古董。除了老人要算年青而学老人行为的为可恶。街坊邳三年青青的当军官，打部下的兵丁比父亲打儿子还毒狠。城里的钱六才二十多岁，就学着老人娶两个媳妇。邳三，钱六该杀！至于李应呢，岁数不大，偏板着面孔替老张吹胡子瞪眼睛的管束同学。如今老张要派王德作大学长，他自己笑着说："王德！还没娶媳妇，就作大学长，未免可笑，而且可杀！"王德于是突然立起来，往外就走。

"你别走!"老张把他拦住。"有你的好处!"

"有什么好处?"

"你听着,我慢慢对你说。"老张把王德又推在小凳上。"你要当大学长,我从此不打你。可是你得帮我算铺子的账目。"

王德滴溜溜的转着两只大眼睛,没有回答。

"还有好处!你现在拿多少学钱,每天领多少点心钱?"

"学钱每月六吊,点心钱不一定,要看父亲的高兴不高兴。"

"是啊!你要是作大学长,听明白了,可是帮我算账,我收你四吊钱的学费。"

"给父亲省两吊钱?"

"你不明白,你不用对你父亲说,每月领六吊钱,给我四吊,那两吊你自己用,你看好不好?"

"不告诉父亲?他要是知道了,你替我挨打?"王德又笑了:设若父亲照打我一般的打老张一顿,多么有趣。

"你我都不说,他怎会知道,不说就是了!"

"嘴里不说,心里难过!"

"不会不难过?"

"白天不说,要是夜里说梦话呢?"

"你废话!"

"不废话!你们老人自然不说梦话,李应也许不说,可是我夜夜说。越是白天不说的,夜间越说的欢。"

"少吃饭,多喝水,又省钱,又省梦!"

"省什么?"

"省——梦!你看你师母,永远不作梦。她饿了的时候,我就告诉她,'喝点水。'"

　　王德止不住又高声笑起来。他想:"要是人人这样对待妇女,过些年妇人不但只会喝水,而且变成不会作梦的动物。噢!想起来了,父亲常说南海有'人头鱼',妇人头,鱼身子,不用说,就是这种训练的结果。可是人头鱼作梦不作?不知道!父亲?也许不知道。哼!还是别问他,问老人不知道的事情,结果是找打嘴巴!"

　　"王德!我没功夫和你废话,就这么办!去,家去吃饭!"老张立起来。

　　"这里问题太多,"王德屈指一一的算:"当大学长,假充老人,骗父亲的钱,帮你算账,多喝水,少吃饭,省钱省梦,变人头鱼!……不明白,我不明白!"

　　"明白也这么办,不明白也这么办!去!滚!"

　　王德没法子,立起来往外走。忽然想起来:"李应呢?"

　　"你管不着!我有治他的法子!去!"

第 五

老张把李应,王德的事,都支配停妥,呷了一口凉茶。茶走下去,肚里咕碌碌的响了一阵。"老张你饿了!"他对自己说:"肚子和街上的乞丐一样,永远是虚张声势,故作丑态。一饿就吃,以后他许一天响七八十次。"他按了按肚皮:"讨厌的东西,不用和我示威,老张有老张的办法!"命令一下,他立刻觉得精神胜过肉体,开始计划一切:

"今天那两句'立正'叫得多么清脆!那些鬼子地名说的多么圆熟!老张!总算你有本事!……""一百四,加节礼三十,就是一百七。小三的爹还不送几斗谷子,够吃一两个月的。学务大人看今天的样子总算满意,一报上去奖金又是三十。一百七,加三十就是二百,——二百整!铺子决不会比去年赚的少,虽然还没结账!……""李应的叔父欠的债,算是无望,辞了李应叫他去挑巡击①,坐地扣,每月扣他饷银两块,一年又是二十四。李应走后,王德帮咱算账,每月少要他两吊钱,可是省找一个小徒弟呢。狠心罢!舍两吊钱!……"

他越想越高兴,越高兴肚子越响,可是越觉得没有吃饭的必要!于是他跑北屋,拿起学务大人的那张名片细看了一

---

① 挑巡击,当巡击兵。因当兵要经过挑选,习称"挑巡击"。

看。那张名片是红纸金字两面印的。上面印的字太多，所以老张有几个不认识，他并不计较那个；又不是造字的圣人，谁能把《字典》上的字全认得？

名片的正面：

"教育讲习所"修业四月，参观昌平县教育，三等英美烟公司银质奖章，前十一师二十一团炮营见习生，北京自治研究会会员，北京青年会会员，署理京师北郊学务视察员，上海《消闲晚报》通信员。南飞生，旁边注着英文字：Nan Fi Sheng。

背面是：

字云卿，号若艇，投稿署名亦雨山人。借用电话东局1015。拜访专用。

"这小子有些来历！"老张想："就凭这张名片，印一印不得一块多钱?！老张你也得往政界上走走啊！有钱无势力，是三条腿的牛，怎能立得稳！……""哼！有来历的人可是不好斗，别看他嘻皮笑脸的说好话，也许一肚子鬼胎！书用的不对，讲台是'白虎台'，院里没痰盂，……照实的报上去，老张你有些吃不住哇！"

老张越想越悲观，白花花的洋钱，一块挤着一块雪片似的从心里往外飞。"报上去了！'白虎台'，旧教科书，奖金三十块飞了！公文下来，'一切办法，有违定章，着即停办！'学生们全走了，一百四加节礼三十，一百七飞了！……"

老张满头冷汗，肚里乱响，把手猛的向桌上一拍，喊："飞了！全飞了！"

"没有，就飞了一只！"窗外一个女人有气无力的说。

"什么飞了？"

"我在屋里给你作饭,老鹰拿去了一只!"窗外的声音低微得好似梦里听见的怨鬼悲叹。

"一只什么?"

"小鸡!"窗外呜咽咽的哭起来。

"小鸡!小鸡就是命,命就是小鸡!"

"我今天晚上回娘家,把我哥哥的小鸡拿两只来,成不成?"

"你有哥哥?你恐吓我?好!学务大人欺侮我,你也敢!你滚蛋!我不能养着:吃我,喝我的死母猪!"

老张跑出来,照定那个所谓死母猪的腿上就是一脚。那个女人像灯草般的倒下去,眼睛向上翻,黄豆大的两颗泪珠,嵌在眼角上,闭过气去。

这时候学生吃过午饭,逐渐的回来;看见师母倒在地上,老师换着左右腿往她身上踢,个个白瞪着眼,像看父亲打母亲,哥哥打嫂子一样的不敢上前解劝。王德进来了,后面跟着李应。(他们并没回家吃饭,只买了几个烧饼在学堂外面一边吃,一边商议他们的事。)王德一眼看见倒在地下的是师母,登时止住了笑,上前就要把她扶起来。

"王德你敢!"老张的薄片嘴紧的像两片猴筋似的。

"师母死啦!"王德说。

"早就该死!死了臭块地!"

王德真要和老张宣战了,然而他是以笑为生活的,对于打架是不大通晓的。他浑身颤着,手也抬不起来,腿在裤子里转,而且裤子像比平日肥出一大块。甚至话也说不出,舌头顶着一口唾沫,一节一节的往后缩。

王德正在无可如何,只听拍的一声,好似从空中落下来的一个红枫叶，在老张向来往上扬着的左脸上，印了五条半紫的花纹。李应！那是李应！

王德开始明白：用拳头往别人身上打，而且不必挑选地方的，谓之打架。于是用尽全身力量喊了一声："打！"

老张不提防脸上热辣辣的挨了一掌，于是从历年的经验和天生来的防卫本能，旋展全身武艺和李应打在一处。

王德也抡着拳头扑过来。

"王德！"李应一边打一边嚷："两个打一个不公道，我要是倒了，有胆子你再和他干！"

王德身上不颤了，脸上红的和树上的红杏一样。听见李应这样说，一面跑回来把师母搀起来，一面自己说："两个打一个不公道，男人打女人公道吗？"

小三，小四全哭了，大些的学生都立着发抖。门内站满了闲人，很安详而精细的，看着他们打成一团。

"多辛苦！多辛苦！李应放开手！"孙八爷从外面飞跑过来舍命的分解。"王德！过来劝！"

"不！我等打接应呢！"王德拿着一碗冷水，把几粒仁丹往师母嘴里灌。

"好！打得好！"老张从地上爬起来，掸身上的土。李应握着拳一语不发。

"李应！过来灌师母，该我和他干！"王德向李应点手。

老张听王德这样说倒笑了。孙八爷不知道王德什么意思，只见他整着身子扑过来。

"王德你要作什么？"孙八拦住他。

"打架！"王德说："两个打一个不公道，一个打完一个打！"

"车轮战也不公道！你们都多辛苦！"孙八把王德连推带抱的拦过去。又回头对老张说："张先生你进屋里去，不用生气，小孩子们不知事务。"然后他又向看热闹的人们说："诸位，多辛苦！先生责罚学生，没什么新奇，散散罢！"

老张进西屋去，看热闹的批评着老张那一脚踢的好，李应那一捏脖子捏的妙，纷纷的散去。

孙八又跑到张师母跟前说："大嫂！不用生气，张先生是一时心急。"

张师母已醒过来，两眼呆呆的看着他，一手扶着王德，一手托着自己的头，颤作一团。

"八爷！不用和她费话！李小子你算有胆气！你，你叔父，一个跑不了！你十九，我四十九，咱们睁着眼看！"老张在屋里嚷。

"闭着眼看得见？废话！"王德替李应反抗着老张。

"好王德，你吃里爬外，两头汉奸，你也跑不了！"

"姓张的！"李应靠在杏树上说："拆你学堂的是我，要你命的也是我，咱们走着看！"

"拆房不如放火热闹，李应！"王德答着腔说。他又恢复了他的笑的生活：一来见师母醒过来，没真死了；二来看李应并没被老张打伤；三来觉得今天这一打，实在比平日学生挨打有趣得多。

"你们都辛苦！少说一句行不行？"孙八遮五盖六的劝解。"大嫂你回家住一半天去，王德你送你师母去！李应你暂且回家！你们都进屋去写字！"孙八把其余的学生全叫进教室去。

王德，李应扶着师母慢慢的走出去。

第 六

第二天早晨,王德欢欢喜喜领了点心钱,夹起书包上学来,他走到已经看见了学堂门的地方,忽然想起来:"老张忘了昨天的事没有?老张怎能忘?"他寻了靠着一株柳树的破石桩坐下,石桩上一个大豆绿蛾翩翩的飞去,很谦虚的把座位让给王德。王德也没心看,只顾想:"回家?父亲不答应。上学?老张不好惹。师母?也许死了!——不能!师母是好人;好人不会死的那么快!……"

王德平日说笑话的时候,最会想到别人想不到的地方。作梦最能梦见别人梦不到的事情。今天,脑子却似枯黄的麦茎,只随着风的扇动,向左右的摆,半点主意也没有。柳树上的鸣蝉一声声的"知了"!"知了"!可是不说"知道了什么"。他于是立起来坐下,坐下又起来,路上赶早市和进城作生意的人们,匆匆的由王德面前过去,有的看他一眼,有的连看也不看,好像王德与那块破石桩同样的不惹人注意。

"平日无事的时候,"王德心里说:"鸟儿也跟你说话,花草也向着你笑,及至你要主意的时候,什么东西也没用,连人都算在其内。……对,找李应去,他有主意!万一他没有?不能,他给我出过几回主意都不错!"

王德立起来,嘴里嘟嘟囔囔的向西走去,平日从学堂到李应家里,慢慢的走有十分钟也到了;今天王德走了好似好几十个十分钟，越走像离着越远。而且不住的回头，老觉着老张在后面跟着他。

他走来走去，看见了：李应正在门外的破磨盘上坐着。要是平日，王德一定绕过李应的背后，悄悄的用手盖上李应的眼，叫他猜是谁，直到李应猜急了才放手。今天王德没有那个兴趣，从远远的就喊："李应！李应！我来了！"

李应向王德点了点头，两个人彼此看着，谁也想不起说话。

"王德，你进来看看叔父好不好？"倒是不爱说话的李应先打破了这个沉寂。

李应的家只有北屋三间，一明两暗。堂屋靠墙摆着一张旧竹椅，孤独的并没有别的东西陪衬着。东里间是李应和他叔父的卧室，顺着前檐一张小矮土炕，对面放着一条旧楠木条案，案上放着一个官窑五彩瓶和一把银胎的水烟袋。炕上堆着不少的旧书籍。西里间是李应的姐姐的卧室，也是厨房。东西虽少，摆列得却十分整洁。屋外围着短篱，篱根种着些花草。李应的姐姐在城里姑母家住的时候多，所以王德不容易看见她。

李应的叔父有五十多岁的年纪，看着倒像七八十岁的老人。黄黄的脸，虽洗得干净，只是罩着一层暗光。两只眼睛非常光锐，显出少年也是精干有为的。穿着一件旧竹布大衫，洗得已经退了色。他正卧在炕上，见王德进来微微抬起头让王德坐下。待了一会儿，他叫李应把水烟袋递给他，李应替他燃着纸捻，他坐起来一气吸了几袋烟。

"王德，"李应的叔父半闭着眼，说话的声音像久病的人一样的微细。"我明白你们的事，我都明白，然而……"

"昨天我们实在有理，老张不对！"王德说。

"有理无理，不成问题。昨天的事我都明白，不必再说。只是此后应该怎样对付。现在这个事有几层：你们的师母与老张；我与老张；你们两个和老张。"李应的叔父喘了一口气。"我的事我自有办法；你们的师母我也替她想了一想。至于你们两个，你们自然有你们自己的意见，我不便强迫你们听我的嘱咐。"他的声音越说越弱，像对自己说一样，王德，李应十分注意的听着。"李应，你和王德出去，告诉他我昨天告诉你的话。"

王德起来要往外走。

"回来！你们也商议商议你们的事，回来我或者可以替你们决定一下。"他说完慢慢的卧下。两个少年轻轻的走出去。

两个走出来坐在磨盘上。

"你知道我叔父的历史？"李应问。

"他作过知县，我知道，因为和上司讲理丢了官。"

"对！以后呢？"

"我不知道！"

"我也不知道，可是昨天叔父告诉我了，叔父自从丢了官，落得一贫如洗。他心灰意冷，无意再入政界，于是想经营一个买卖，自食其力的挣三顿饭吃。后来经人介绍，和老张借了二百块钱，又借了一百，共总三百。这是叔父与老张的关系。"

"介绍人是城里的卫四。"李应停顿了一会，接着说："卫四后来就自荐帮助叔父经理那个小买卖。后来卫四和老张沟通一气，把买卖拆到他自己手里去，于是叔父可是无法逃出老张的债。叔父是个不爱钱的人,因为不爱钱就上了人家的暗算。我和我姐姐自幼跟着叔父,我的父母,我甚至于想不起他们的面貌。"李应说着,把嘴唇接着泪珠往嘴里咽。"叔父决不会把我送在老张的学堂去读书要不是欠老张的债。老张拿我当奴隶,现在我才知道,那是他强迫叔父答应他的。叔父昨天哭的说不出话,他明白,然而他……他老了,打不起精神去抵抗一切了!这是他最痛心的事,也就是他只求一死的原因!前几天老张又和叔父说,叫我去挑巡击,他的意思是把我送在那个腐败衙门里,他好从中扣我的钱。叔父明白这么一办,不亚如把我送入地狱,可是他答应了老张。他只求老张快离开他,他宁可死了,也不肯和老张说话,他不惜断送一切,求老张快走。叔父是明白人,是好人,然而——老了!"

"我明白了!我们怎么办?"王德脸又涨红。

"不用说'我们',王德!你与老张没恶感,何苦加入战团?我决不是远待你!"

"李应!我爱你,爱你叔父!不能不加入!我父亲是受了老张的骗。他见了父亲,总说:'快复辟了,王德的旧书可是不能放下,要是放下,将来恢复科考,中不了秀才,可就悔之晚矣!'我早就想不在那里念书,然而没有机会。现在我总算和老张闹破了脸,乐得乘机会活动活动。我有我的志愿,我不能死在家里!"

"我明白你的志愿,可是我不愿你为我遭些困苦!"

"我们先不必争执这一点,我问你,你打算作什么?"

"我进城去找事!只要我能挣钱,叔父的命就可以保住!"

"找什么事?"王德问。

"不能预料!"

"老张放你走不放?"

"不放,拚命!"

"好!我跟你进城!跟父亲要十块钱!"王德以为有十块钱是可以在城里住一年的。

"我一定要进城,你不必。"

"我有我的志愿,我进城不是为你,还不成?"

两个人从新想了许多方法,再没有比进城找事的好,李应不愿意同王德一齐进城,王德死说活说,才解决了。

他们一同进来见李应的叔父。

第 七

"叔父！我们决定进城一同找事。"王德首先发言："我要看看世界是什么样子，李应有找事的必要。两个人一同去呢，彼此有个照应。"

"好！"李应的叔父笑了一笑。

"我所不放心的是老张不放李应走。"

"我是怕我走后，老张和叔父你混闹。"

"你们都坐下，你们还是不明白这个问题的内容。老张不能不叫李应走，他也不能来跟我闹。现在不单是钱的问题，是人！"

"自然我们都是人。"王德笑着说。

"我所谓的人，是女人！"

"自然张师母是女人！"

"王德！此刻我不愿意你插嘴，等我说完，你再说。"李应的叔父怕王德不高兴，向王德笑了一笑。然后他燃着纸捻，连气吸了几口烟。把烟袋放下，又和李应要了一碗冷水漱了漱口。立起来把水吐在一个破瓦盂内，顺手整了整大衫的折缝。

"王德，李应，"李应的叔父看了看那两个少年，好像用眼光帮助他表示从言语中表示不出来的感情。"现在的问题是一个女人。李应！就是你的姐姐！"

李应不由的立起来，被叔父眼光的引领，又一语未发的坐下。

"不用暴躁，听我慢慢的说！"那位老人接续着说："张师母是她哥哥卖给老张的，这是十几年前的事，他欠老张的债，所以她就作了折债的东西。她现在有些老丑，于是老张想依法炮制买你的姐姐，因为我也欠他的钱。他曾示意几次，我没有理他……我不是畜……李应！拿碗冷水来！"

他把头低的无可再低，把一碗冷水喝下去，把碗递给李应，始终没抬头。

"可是现在这正是你们的机会。因为在我不允许他的亲事以前，他决不会十分毒辣，致使亲事不成。那末，李应你进城，我管保老张不能不放你走。至于你们的师母，等老张再来提亲的时候，我要求他先把她释放，然后才好议婚。我想他一定要些个赎金，果然他吐这样的口气，那末，就是我们夺回你师母自由的机会。那个五彩瓶，"他并没抬头，只用手大概的向桌上指了一指。"是我宁挨饿而未曾卖掉的一件值钱的东西。李应，那是你父亲给我的。你明天把那个瓶拿进城去，托你姑父卖出去，大概至少也卖一百块钱。你拿二十元在城里找事，其余的存在你姑父那里，等老张真要还你师母自由的时候，我们好有几十元钱去赎她。她以后呢，自己再冻饿而死，我们无力再管，自然我们希望管。可是我们让她死的时候明白，她是一条自由的身子，而不是老张的奴隶。你们师母要是恢复了她的自由，老张一定强迫我写字据卖我的侄女。"

李应的叔父停住了话，把水烟袋拿起来，没有吸烟，只不错眼珠的看着烟袋。

"死是不可免的;我怕老张的笑声,然而不怕死!"

"叔父!"李应打断他叔父的话:"你不用说'死'成不成?"

老人没回答。

"老张!你个……"王德不能再忍,立起来握着拳头向东边摇着,好像老张就站在东墙外边似的。

"王德!坐下!"李老人呆呆的看着案上的五彩瓶。

王德坐下了,用拳头邦邦的撞着炕沿。

"我对不起人,对不起老张,欠债不还,以死搪塞,不光明,不英雄!"老人声音更微细了,好像秋夜的细雨,一滴一滴的冷透那两个少年的心情。"你们,王德,李应,记住了:好人便是恶人的俘虏,假如好人不持着正义和恶人战争。好人便是自杀的砒霜,假如好心只是软弱,因循,怯懦。我自己无望了,我愿意你们将来把恶人的头切下来,不愿意你们自己把心挖出来给恶人看。至于金钱,你们切记着:小心得钱,小心花钱。我自己年少的时候,有一片傻好心,左手来钱,右手花去,落得今日不能不死。死,我是不怕的,只是死了还对不起人,至少也对不起老张。以前的我是主张'以德报怨',现在,'以直报怨'。以前我主张钱可以乱花,不准苟得,现在,钱不可苟得,也不可乱花。……王德,你用不着进城。李应去后,老张正需人帮助,他决不致于因为你和他打架而慢待你。你要是天天见老张,至少也可以替我打听他对于我的摆布。不过,你的志愿我不敢反对,进城与否,还是你自己决定。从事实上看,好似没有进城的必要。我的话尽于此,对不对我不敢说。你们去罢!不必怀念着我的死,我该死!"

李老人舒展了舒展大衫,慢慢的卧下去,随手拿起一本书,遮住自己的脸;周身一动也不动,只有襟部微微的起伏,衬着他短促的呼吸。

"设若你能还老张的钱,你还寻死吗,叔父?"王德问。

"我怎能还他的钱?"

"我回家对父亲说,他借与你钱,将来李应再慢慢的还我父亲。"

"傻孩子!你父亲那是有钱的人!"

"他有!一收粮就有好几十块!"

"几十块?那是你们一年的用度!傻孩子,我谢谢你!"

"噢!"王德疑惑了。"原来几十块钱不算富人,那么,多少才可以算富足呢?"

多么难堪夏日午时的静寂!树上的红杏,田中的晚麦,热的都不耐烦了!阵阵的热风,吹来城内的喧闹,困的睡了,不睡的听着听着哭了。这时王德和李应又坐在破磨盘上,王德看着那翎毛凋落的丑老鸦,左顾右盼的摇着秃头脑,要偷吃树上的红杏。李应低着头注视着地上的群蚁围攻一个翠绿的嫩槐树虫。老鸦轻快的一点头,衔起一个圆红杏,拍着破翅擦着篱笆飞去。王德随着老鸦把眼睛转到东边的树上,那面丑心甜的老鸦把杏递进巢内,哑哑的一阵小鸦的笑声,布散着朴美的爱情。

李应不知不觉的要用手拨散那条绿虫身上叮着的小黄蚁。他忘了他的手被王德紧紧的握着。他一抽手,王德回过头来:"李应!""啊!王德!"两个人的眼光遇在一处,触动了他们的泪腺的酸苦。他们毫不羞愧的,毫不虚伪的哭起来。

对哭——对着知己的朋友哭——和对笑,是人类仅有的两件痛快的事。

"你哭完了没有?我完了!"王德抹着红眼。

"不哭了!"

"好!该笑了!今天这一哭一笑,在这张破磨盘上,是我们事业的开始!李应!你看前面,黑影在我们后面,光明在我们前头!笑!"

王德真笑了,李应莫名其妙不觉的也一乐,这一乐才把他眼中的泪珠挤净。

"王德,我还是不赞成你进城!"

"非去不可!我有我的志愿!"王德停顿了一会儿:"李应,你姐姐怎样呢?"他的脸红了。

"有我姑父姑母照应着她。"

"是吗?"王德没有说别的。

"你该回家吃饭,老人家要是不准你进城,不必固执。"

"父亲管不了,我有我的志愿!"王德说着往四下一看。"李应,我的书包呢?"

"放在屋里了罢?进来看看。"

两个人轻轻的走进去,李老人似乎昏昏的睡去。李应爬上炕去拿王德的书包。老人微微的睁开眼。

"王德呢?"

"在这里。"

"王德!不用和别人说咱们的事。你过来!"

王德走过去,老人拉住他手,叹了一口气。王德不知说什么好,只扭着脖子看李应。

"王德！少年是要紧的时候！我，我完了！去吧！告诉你父亲，没事的时候，过来谈一谈。"

王德答应了一声，夹起书包往外走。老人从窗上镶着的小玻璃往外望了王德一望，自言自语的说：

"可爱！可爱的少年！"

第 八

乡下人们对于城里挂着"龙旗","五色旗",或"日本旗",是毫不关心的。对于皇帝,总统,或皇后当权,是不大注意的。城里的人们却大不同了:他们走在街上,坐在茶肆,睡在家里,自觉的得着什么权柄似的。由学堂出身的人们,坐在公园的竹椅上,拿着报纸,四六句儿的念,更是毫无疑惑的自认为国家的主人翁。责任义务且先不用说,反正国家的主人翁是有发财升官的机会,是有财上加财,官上加官的机会的。谁敢说我想的不对,谁敢说我没得权柄?噢!米更贵了,兵更多了,税更重了,管他作甚。那是乡下人的事,那是乡下人的事!……

他们不但这样想,也真的结党集社的"争自治","要民权",发诸言语,见之文字的干起来。不但城里这样的如火如荼,他们也跑到乡间热心的传播福音……

北京自治讨成会,北京自治共成会,北京自治听成会,北京自治自进会,……黑牌白字,白牌绿字,绿牌红字,不亚如新辟市场里的王麻子,万麻子,汪麻子,……一齐在通衢要巷灿烂辉煌的挂起来。乡间呢,虽不能这样五光十色,却也村头村尾悬起郊外自治干成会……的大牌。乡民虽不认识字,然而会猜:

"二哥!又招兵哪!村头竖起大牌,看见没有?"一个这样说。

"不!听说围起三顷地,给东交民巷英国人作坟地,这是标记。"一个这样答。

两个,三个,四个,至于七八个,究竟猜不透到底是招兵还是作洋坟地。可是他们有自慰的方法:这七八个人之中的一个,杨木匠,断定了那块写着不可捉摸的黑字的牌子是洋槐木作的。王老叔起初还争执是柳木,经几次的鉴定,加以对于杨木匠的信仰,于是断定为洋槐木,然后满意的散去。

过了几天,二郎镇上的人们惊异而新奇的彼此告诉:"关里二郎庙明天开会。老张,孙八,衙门的官人都去,还有城里的有体面的人不计其数。老张,孙八就是咱们这里的代表。……"

这个消息成了镇上人们晚饭后柳荫下的夕阳会聚谈的资料。王老叔对孙八,老张加以十分敬意的说:

"到底人家绅士和作先生的,有表可带,才当带表,像咱们可带什么?"

褚三却撇着嘴,把头上的青筋都涨起来,冷笑着说:

"王老叔!褚三虽不曾玩过表,可是拿时候比表还准。不论阴天晴天永不耽误事。有表的当不了晚睡晚起误了事,没表的也可以事事占先。"

王老叔也赞成褚三的意见。于是大家商议着明天到关里看看热闹。太阳渐渐的向西山后面游戏去,大地上轻轻的锁上一带晚烟,那是"无表可带"的乡民们就寝的时候了。

第二天真的二郎庙外老早的立上几个巡击兵。老张,孙八都穿了夏布大衫,新缎鞋,走出走入。老张仰着脸,足下用力压着才抹上煤油的红皮鞋底，作出嘎嘎的轻响。

"前面的是孙八，后面的是老张。"庙外立着的乡民指指点点的说。然后两个人又走出来，乡民们又低声的彼此告诉："这回前面是老张，后面的是孙八。"老张轻扭脖项，左右用眼一扫，好似看见什么，又好似没看见什么，和兵马大元帅检阅军队的派头一样。

城里的人们陆续着来到，巡击兵不住的喊："闪开！闪开！这里挤，有碍代表的出入！家去看看死了人没有，开自治会与你们何干！去！去！"

乡民们也哑然自笑明白过来："可说，自治会又不给咱一斗米，何苦在这里充义务站街员！"于是逐渐的散去，只剩下一群孩子们，还争着赏识各路代表的风光。

开会的通知定的是九点钟开会，直到十二点钟，人们才到齐。只听一阵铃声，大家都坐在二郎庙的天棚底下，算是开会。

重要人物是：北郊学务大人南飞生，城北救世军军官龙树古，退职守备孙占元（孙八的叔父），城北商会会长李山东，和老张，孙八。其余的大概都是各路代表的埋伏兵。

听说在国会里，管埋伏兵叫作"政党"，在"公民团"里叫作"捧角"，有些不体面的北京人，也管"捧角的"叫作"捧臭脚"。要之，埋伏者即听某人之指挥，以待有所动作于团体运动者也。

大家坐下，彼此交头接耳，家事，国事，天下事一齐说。谁也想不起怎样开会。倒是孙守备有些忍不住，立起来说道："诸位！该怎么办，办哪！别白瞪着眼费光阴！"

南飞生部下听了孙守备说的不好听，登时就有要说闲话

的。南飞生递了一个眼神,于是要说话的又整个的把话咽回去。南飞生却立起来说:

"我们应当推举临时主席,讨论章程!"

"南先生说的是,据我看,我们应当,应当举孙老守备作临时主席。"老张说。

"诸位多辛苦,家叔有些耳聋,这些文明事也不如学务大人懂的多,还是南先生多辛苦辛苦!"

孙八说完,南飞生部下全拍着手喊:"赞成!""赞成!"其余的人们还没说完家事,国事,天下事,听见鼓掌才问:"现在作什么?"他们还没打听明白,只见南飞生早已走上讲台,向大家深深鞠了一躬。

"鄙人,今天,那么,无才,无德,何堪,当此,重任。"

台下一阵鼓掌,孙老守备养着长长的指甲,不便鼓掌,立起来扯着嗓子喊叫了一声:"好!"

"一个临时主席有什么重任?废话!"台下右角一个少年大声的说。

南飞生并未注意,他的部下却忍受不住,登时七八个立起来,摇着头,瞪着眼,把手插在腰间。问:

"谁说的?这是侮辱主席!谁说的,快快走出去,不然没他的好处!"

龙树古部下也全立起来,那个说话的少年也在其中,也都插着腰怒目而视。

"诸位,请坐,我们,为公,不是,为私,何苦,争执,小端。"主席依然提着高调门,两个字一句的说。

左右两党又莫名其妙的坐下,然而嘴里不闲着:"打死你!""你敢!""你爸爸不是好人!""你爸爸一百个不是好人!"……

"诸位!"孙守备真怒了:"我孙家叔侄是本地的绅士。借庙作会场是我们;通知地方派兵弹压是我们;预备茶点是我们。要打架?这分明是臊我孙家的脸!讲打我当守备的是拿打架当作吃蜜,有不服气的,跟我老头子干干!"孙守备气的脸像个切开的红肉西瓜,两手颤着,一面说一面往外走:"八爷?走!会不开了!走!"

孙八要走,恐怕开罪于大众。不走,又怕老人更生气。正在左右为难,老张立起来说:

"今天天气很热,恐怕议不出什么结果,不如推举几位代表草定会章。"

四下埋伏喊了一声"赞成"。然后左角上说:"我们举南飞生!"右角上"……龙树古!"以次:"张明德""孙占元""孙定""李复才",大概带有埋伏的全被举为起草委员。主席听下面喊一声,他说一声"通过"。被举的人们,全向着大众笑了笑。只有孙老守备听到大家喊"孙占元",他更怒了:"孙占元,家里坐着如同小皇帝,代表算什么东西!"

主席吩咐摇铃散会,大众没心听孙守备说话,纷纷往外走。他们顺手把点心都包在手巾内,也有一面走一面吃的。后来孙八检点器皿,听说丢了两个茶碗。

第 九

孙八把叔父送上车去，才要进庙，老张出来向孙八递了一个眼色。孙八把耳朵递给老张。

"老人家今天酒喝的多点，"老张歪着头细声细气的说："会场上有些闹脾气。你好歹和他们进城到九和居坐一坐，压压他们的火气，好在人不多。我回家吃饭，吃完赶回来给你们预备下茶水，快快的有后半天的工夫，大概可以把章程弄出来了。"

"要请客，少不了你。"孙八说。

"不客气，吃你日子还多着，不在乎今天。"老张笑了一笑。

"别瞎闹，一同走，多辛苦！"孙八把老张拉进庙来，南飞生等正在天棚下脱去大衫凉快。老张向他们一点头说：

"诸位！赏孙八爷个脸，到九和居随便吃点东西。好在不远，吃完了回来好商议一切。"

"还是先商议。"龙树古说。

"既是八爷厚意，不可不凑个热闹。"南飞生显出特别亲热的样子，捻着小黄胡子说。

"张先生你叫兵们去雇几辆洋车。"孙八对老张说。

"我有我的包车。"龙树古说，说完绕着圆圈看了看大众。

洋车雇好，大家轧着四方步，宁叫肚子受屈，不露忙着吃饭的态度，往庙外走。众人上了车，老张还立在门外，用手向庙里指着，对一个巡击兵说话。路旁的人哪个不信老张是自治会的大总办。

车夫们一舒腰，已到德胜门。进了城，道路略为平坦，几个车夫各不相下的加快速度，贪图多得一两个铜元。路旁没有买卖的车夫们喊着："开呀！开！开过去了！"于是这几个人形而兽面的，更觉得非卖命不足以争些光荣。

孙八是想先到饭馆一步，以表示出作主人的样子。老张是求路旁人赏识他的威风，只嫌车夫跑的慢。南飞生是坐惯快车，毫不为奇。龙树古是要显包车，自然不会拦阻车夫。李山东是饿的要命，只恨车夫不长八条腿。有车夫的争光好胜，有坐车的骄慢与自私，于是烈日之下，几个车夫像电气催着似的飞腾。

到了德胜桥。西边一湾绿水，缓缓的从净业湖①向东流来，两岸青石上几个赤足的小孩子，低着头，持着长细的竹竿钓那水里的小麦穗鱼。桥东一片荷塘，岸际围着青青的芦苇。几只白鹭，静静的立在绿荷丛中，幽美而残忍的，等候着劫夺来往的小鱼。北岸上一片绿瓦高阁，清摄政王的府邸，依旧存着天潢贵胄的尊严气象。一阵阵的南风，吹着岸上的垂杨，池中的绿盖，摇成一片无可分析的绿浪，香柔柔的震荡着诗意。

就是瞎子，还可以用嗅觉感到那荷塘的甜美；有眼的由不得要停住脚瞻览一回。甚至于老张的审美观念也浮泛在脑

---

① 净业湖，即今积水潭。

际，唤之欲出了。不过哲学家的美感与常人不同一些：

"设若那白鹭是银铸的，半夜偷偷捉住一只，要值多少钱？那青青的荷叶，要都是铸着袁世凯脑袋的大钱，有多么中用。不过，荷叶大的钱，拿着不大方便，好在有钱还怕没法安置吗？……"

大家都观赏着风景，谁还注意拉着活人飞跑的活人怎样把车曳上那又长又斜的石桥。那些车夫也惯了，一切筋肉运动好像和猫狗牛马一样的凭着本能而动作。弯着腰把头差不多低到膝上，努着眼珠向左右分着看，如此往斜里一口气把车提到桥顶。登时一挺腰板，换一口气，片刻不停的把两肘压住车把，身子向后微仰，脚跟紧擦着桥上的粗石往下溜。

忽然一声"咯喳"，几声"哎哟"，只见龙军官一点未改坐的姿式，好似有个大人把他提起，稳稳当当的扔在桥下的土路上。老张的车紧随着龙树古的，见前面的车倒下，车夫紧往横里一闪。而老张因保持力量平衡的原因，把重力全放在下部，脊背离了车箱，左右摇了几摇，于是连车带人顺着桥的倾斜随着一股干尘土滚下去。老张的头顶着车夫的屁股，车夫的头正撞在龙军官的背上。于是龙军官由坐像改为卧佛。后面的三辆车，车夫手急眼快，拚命往后倒，算是没有溜下去。

龙树古把一件官纱大衫跌成土色麻袋，气不由一处起，爬起来奔过车夫来。可怜他的车夫——赵四——手里握着半截车把，直挺挺的横卧在路上，左腿上浸浸的流着人血。龙军官也吓呆了。老张只把手掌的皮搓去一块，本想卧在地上等别人过来挽，无奈烈日晒热的粗石，和火炉一样热，他无法只好自己爬起来，嘴里无所不至的骂车夫。车夫只顾四围看他的车有无损伤,无心领略老张含有诗意的诟骂。

其余的车夫,都把车放在桥下,一面擦汗,一面彼此点头半笑的说:

"叫他跑,我管保烙饼卷大葱算没他的事了!"

路上的行人登时很自然的围了一个圆圈。那就立在桥上的巡警,直等人们围好,才提着铁片刀的刀靶,撇着钉着铁掌的皮鞋,一扭一扭的过来。先问了一声:"坐车的受伤没有?"

"污了衣服还不顺心,还受伤?"龙军官气昂昂的说。

"一年三百六十五天,天天坐车,就没挨过这样的苦子。今天咱'有钱买花,没钱买盆,栽在这块'啦!你们巡警是管什么的?"老张发着虎威,一半向巡警,一半向观众说。

"这个车夫怎办?"巡警问。

"我叫龙树古,救世军的军官,这是我的名片,你打电话给救世军施医院,自然有人来抬他。"

"但是……"

"不用'但是',龙树古有个名姓,除了你这个新当差的,谁不晓得咱。叫你怎办就怎办!"

北京的巡警是最服从民意的。只要你穿着大衫,拿着印着官衔的名片,就可以命令他们,丝毫不用顾忌警律上怎怎么么。假如你有势力,你可以打电话告诉警察厅什么时候你在街心拉屎,一点不错,准有巡警替你净街。龙树古明白这个,把名片递给巡警,真的巡警向他行了一个举手礼,照办一切。龙军官们又雇上车,比从前跑的更快到九和居去了。

第 十

中华民族是古劲而勇敢的。何以见得？于饭馆证之：

一进饭馆，迎面火焰三尺，油星乱溅。肥如判官，恶似煞神的厨役，持着直径尺二，柄长三尺的大铁杓，酱醋油盐，鸡鱼鸭肉，与唾星烟灰蝇屎猪毛，一视同仁的下手。煎炒的时候，摇着油锅，三尺高的火焰往锅上扑来，耍个珍珠倒卷帘。杓儿盛着肉片，用腕一衬，长长的舌头从空中把肉片接住，尝尝滋味的浓淡。尝试之后，把肉片又吐到锅里，向着炒锅猛虎扑食般的打两个喷嚏。火候既足，杓儿和铁锅撞的山响，二里之外叫馋鬼听着垂涎一丈。这是入饭馆的第一关。走进几步几个年高站堂的，一个一句："老爷来啦！老爷来啦！"然后年青的挑着尖嗓几声"看座呀"！接着一阵拍拍的掸鞋灰，邦邦的开汽水，嗖嗖的飞手巾把，嗡嗡的赶苍蝇，（饭馆的苍蝇是冬夏常青的。）咕噜咕噜的扩充范围的漱口。这是第二关。主客坐齐，不点菜饭，先唱"二簧"。胡琴不管高低，嗓子无论好坏，有人唱就有人叫好，有人叫好就有人再唱。只管嗓子受用，不管别人耳鼓受伤。这是第三关。二簧唱罢，点酒要菜，价码小的吃着有益也不点，价钱大的，吃了泄肚也非要不可。酒要外买老字号的原封，茶要泡好镇在冰箱里。冬天要吃鲜瓜绿豆，夏天讲要隔岁的炸黏糕。酒菜上来，先猜拳行令，迎面一掌，声如狮吼，入口三杯,气贯长虹。请客的酒菜屡进,惟恐不足;作客的酒到杯干,烂醉如泥。这是第四关。押阵的烧鸭或闷鸡上来,饭碗举起不知往哪里送,羹匙倒拿,斜着往眉毛上插。然后一阵恶心,几阵呕吐。吃的时候并没尝出什么滋味,吐的时候却节节品着回甘。"仁丹"灌下,扶上洋车,风儿一吹,渐渐清醒,又复哼哼着:"先帝爷,黄骠马,"以备晚上再会。此是第五关。有此五关而居然斩关落锁,驰骋如入无人之地,此之谓"食而有勇"!

"美满的交际立于健全的胃口之上。"当然是不易的格言!

孙八等到了九和居,饭馆的五关当然要依次战过。龙树古因宗教的关系不肯吃酒。经老张再三陈说:"啤酒是由外国来的,耶稣教也是外国来的,喝一点当然也没有冲突。"加以孙八口口声声非给龙军官压惊不可,于是他喝了三瓶五星啤酒。酒灌下去,他开始和大众很亲热的谈话。谈到车夫赵四,龙军官坚决的断定是:"赵四早晨忘了祈祷上帝,怎能不把腿撞破。平日跑的比今天快的多,为何不出危险呢?"

"我们还是回到德胜门,还是……现在已经快三点钟。"孙八问。

"我看没回去的必要,"老张十二分恳切的说:"早饭吃了你,晚饭也饶不了你,一客不烦二主,城外去溜达溜达,改日再议章程。兄弟们那是容易聚在一处的。"

"章程并不难拟,有的是别处自治会的,借一份来添添改改也成了。"南先生向孙八说。

"南先生你分神就去找一份,修改修改就算交卷。好在人还能叫章程捆住吗!"龙树古显着很有办事经验的这样说。

"那么，南先生你多辛苦!"孙八向南飞生作了一个揖。

"不算什么，八爷，我们上那里去？"南飞生问。

李山东吃的过多，已昏昏的睡去。忽然依稀的听见有人说出城，由桌上把头搬起来，掰开眼睛，说："出城去听戏！小香水的'三上吊'！不用说听，说着就过瘾！走！小香水！'三上吊'！……"

老张向来不自己花钱听戏，对于戏剧的知识自然缺乏。不知小香水是那一种香水，"三上吊"又是那么一件怪事。嘴里不便问，心里说："倒要看看这件怪事！大概逃不出因欠债被逼而上吊！欠债不还而上吊，天生来的不是东西！……"他立起来拍着孙八的肩，"李掌柜最会评戏，他说的准保没错！八爷你的请，等你娶姨太太的时候，我和老李送你一台大戏！"

"真的八爷要纳小妾？几时娶？"南飞生眉飞色舞的吹着小黄干胡子问。

"辛苦！南先生。听老张的！我何尝要娶妾？"

"娶妾是个人的事，听戏是大家的，八爷你去不去？你不去，我可要走了！"李山东半醒半睡的说。

"对！李掌拒，你请我，咱们走！"老张跟着就穿大衫。

"多辛苦！一同去，我的请！"

龙军官一定不肯去，告辞走了。孙八会了饭账，同着老张等一齐出城去娱乐。

第十一

"喂！李应！今天怎样？"

"今天还能有什么好处。钱是眼看就花完，事情找不到，真急死我！我决定去当巡警了！"

"什么？当巡警？你去，我不去，我有我的志愿。"

"你可以回家，要是找不到事作，我……"

"回家？夹着尾巴回家？我不能！喂！李应！城里的人都有第二个名字，我遇见好几个人，见面问我'台甫'，我们也应当有'台甫'才对。"

"找不到事，有一万个名字又管什么？"

"也许一有'台甫'登时就有事作。这么着，你叫李文警，我叫王不警。意思是：你要当巡警，我不愿意当。你看好不好？"

"你呀！空说笑话，不办正事，我没工夫和你瞎说，今天你我各走各的路，也许比在一处多得些消息。"

"不！我一个人害怕！"王德撅着嘴说。

"晴天白日可怕什么？"

"喝！那马路上荷枪的大兵，坐摩托车的洋人，白脸的，黑脸的……那庙会上的大姑娘，父亲说过，她们都是老虎。"

"你不会躲着他们走？"

"大兵和洋人我能躲，可是她们我又害怕又爱看。"

李应和王德自从进城,就住在李应的姑母家里。饭食是他们自备,白天出去找事,晚上回来睡觉,两个人住着李应的姑母的一间小北房。饭容易吃,钱容易花,事情却不容易找。李应急的瘦了许多,把眉头和心孔,皱在一处。王德却依然抱着乐观。

"李文警!"

"我叫李应!"

"好,李应,你往那里去?"

"不一定!"

"我呢?"王德把两只眼睁得又圆又大。

"随便!"

"不能随便,你要往东,我也往东,不是还走到一路上去?至少你要往东,我就往西。"王德从袋中掏出一枚铜元,浮放在大拇指指甲上,预备向空中弹。"要头要尾?头是往东,尾是往西。"

"王德!王德!你的世界里没有愁事!"李应微微露着惨笑。

"说!要头要尾?"

"头!"

砰的一声,王德把钱弹起。他瞪着眼蹲在地上看着钱往地上落。

"头!你往东!再见,李应!祝你成功!"王德把钱捡起笑着往西走。

李应的姑母住在护国寺街上,王德出了护国寺西口,又犹豫了:往南呢,还是往北?往南?是西四牌楼,除了路旁拿大刀杀活羊的,没有什么鲜明光彩的事。往北?是新街口，西直门。那里是穷人的住处，哪能找得到事情。王德想了半天："往北去，也许看见些新事。"

他往北走了不远，看见街东的一条胡同，墙上蓝牌白色写着"百花深处"。

"北京是好，看这胡同名多么雅！"他对自己说："不用说，这是隐士住的地方，不然哪能起这么雅致的名字。"他一面想着，一面不知不觉的把腿挪进巷口来。

那条胡同是狭而长的。两旁都是用碎砖砌的墙。南墙少见日光。薄薄的长着一层绿苔，高处有隐隐的几条蜗牛爬过的银轨。往里走略觉宽敞一些，可是两旁的墙更破碎一些。在路北有被雨水冲倒的一堵短墙，由外面可以看见院内的一切。院里三间矮屋，房檐下垂着晒红的羊角椒。阶上堆着不少长着粉色苔的玉米棒子。东墙上懒懒的爬着几蔓牵牛花，冷落的开着几朵浅蓝的花。院中一个妇人，蓬着头发蹲在东墙下，嘴里哼哼唧唧的唱着儿曲，奶着一个瘦小孩，瘦的像一个包着些骨头的小黄皮包。

王德心里想：这一定是隐士的夫人；隐士夫人听说是不爱梳头洗脸的。他立在南墙下希望隐士出来，见识见识隐士的真面目。

等来等去，不见隐士出来。院内一阵阵孩子的啼声。"隐士的少爷哭了！"继而妇人诟骂那个小孩子，"隐士夫人骂人了！"等了半天王德转了念头："隐士也许死了，这是他的孤儿寡妻，那就太可怜了！……人们都要死的，不过隐士许死的更快，因为他未到死期，先把心情死了！……人是奇怪东西，生来还死。死了还用小木匣抬着在大街上示威。……"

王德探身偷偷的向院里望了望,那个妇人已经进到屋里去,那个小孩睡在一块小木板上。他于是怅然走出百花深处来。

"《公理报》,《民事报》……看看这儿子杀父亲的新闻。"从南来了一个卖报的。

"卖报的!"王德迎面把卖报的拦住。"有隐士的新闻和招人作事的广告没有?"

"你买不买?卖报的不看报!"

王德买了一张,夹在腋下,他想:"卖报的不看报,卖报可有什么好处?奇怪!想不出道理,城里的事大半是想不出道理的!"

王德坐在一家铺户外面,打开报纸先念小说,后看新闻。忽然在报纸的背面夹缝上看到:

"现需书记一人,文理通顺,字体清楚。月薪面议。财政部街张宅。"

当人找事而找不到的时候,有一些消息,便似有很大成功的可能。王德也是一个。

他立起来便向东城走。走得满头是汗,到了财政部街,一所红楼,门口绿色的铁栅栏悬着一面铜牌,刻着"张宅"。王德上了台阶,跺了跺鞋上的灰土,往里探视。门房里坐着一个老人,善眉善眼像世传当仆人的样子。卧着一个少年,脸洗得雪白,头油的漆黑。王德轻轻推开门,道了一声"辛苦"。

"又一个!广告比苍蝇纸还灵,一天黏多少!"那个少年的说:"你是看报来的罢?没希望,趁早回家!"

"我没见着你们主人,怎见得没希望?"王德一点不谦虚的说。

"我们上司还没起来,就是起来也不能先见你;就是见你,凭你这件大衫,遇上上司心里不痛快,好不好许判你五年徒刑。"

"我要是法官,为你这一头黑油漆就恢复凌迟。"王德从与老张决裂后,学的颇强硬。

"你怎么不说人话?"

"你才不说人话!"

"先生!"那个年老的一把拉住王德。"我去给你回一声去。我们老爷真的还没起来,我同你去见我们的大少爷。来!"

王德随着那个年老的走入院里。穿廊过户走到楼背后的三间小屋。老仆叫王德等一等,他进去回禀一声。

"进去!"老仆向王德点手。

王德进去,看屋里并没什么陈设,好像不是住人的屋子。靠墙一张洋式卧椅,斜躺着一个少年。拿着一张《消闲录》正看得入神。那个少年戴着金丝眼镜,嘴里上下金牙衔着半尺来长小山药般粗中间镶着金箍的"吕宋烟"。(不是那么粗,王德也无从看见那个人的金牙。)手上戴着十三四个金戒指,脚下一双镶金边的软底鞋。胸前横着比老葱还粗的一条金表链,对襟小褂上一串蒜头大的金钮,一共约有一斤十二两重。

"你来就事?"那个少年人把报纸翻了翻,并没看王德。

"是!"

"今年多大?"

"十九岁!"

"好！明天上工罢！"

"请问我的报酬和工作？"

"早八点来，晚八点走，事情多，打夜工。扫书房，抄文件，姨太太出门伺候着站汽车。"

"府上是找书记？"

"广义的书记！"

"薪金？"

"一月四块钱，伺候打牌分些零钱。"

那个少年始终没看王德，王德一语未发的走出去。

王德走出大门，回头望了望那座红楼。

"这样的楼房就会养着这样镶金的畜生！"

王德太粗卤！

第 十 二

王德从财政部街一气跑回李应的姑母家。李应的姑父开着一个小铺子,不常在家。姑母今天也出去。王德进到院内垂头丧气的往自己和李应同住的那间小屋走。

"王德!回来得早,事情怎样?"李应的姐姐隔着窗户问。

"姑母没在家?"

"没有,进来告诉我你的事情。进来,看院中多么热!"

王德才觉出满脸是汗,一面擦着,一面走进上房去。

"静姐!叔父有信没有?"王德好像把一肚子气消散了,又替别人关心起来。

"你坐下,叔父有信,问李应的事。信尾提着老张无意许张师母的自由。"

王德,李应和李静——李应的姐姐——是一同长起来的,无日不见面,当他们幼年的时候。李静自从她叔父事业不顺,进城住在她姑母家里。白天到学堂念书,晚间帮着姑母作些家事,现在她已经毕业,不复升学。

她比李应大两岁,可是从面貌上看,她是妹妹,他是哥哥。她轻轻的两道眉,圆圆的一张脸,两只眼睛分外明润,显出沉静清秀,她小的时候爱王德比爱李应还深,她爱王德的淘气,他的好笑,他的一笑一个酒窝,他的漆黑有神的眼珠……

王德的爱她,从环境上说,全村里再没有一个女子比她清秀的,再没有一个像她那样爱护他的,再没有一个比她念的书多的……

他们年幼的时候,她说笑话给他听,他转转眼珠又把她的笑话改编一回,说给她听,有时编的驴唇不对马嘴。他们一天不见不见也见几次;他们一天真见不着,他们在梦里见几次。他们见不着的时候,像把心挖出来抛在沙漠里,烈风吹着,飞砂打着,热日炙着;他们的心碎了,焦了,化为飞灰了!他们见着,安慰了,快活了,他们的心用爱情缝在一处了!

他们还似幼年相处的那样亲热,然而他们不自觉的在心的深处多了一些东西,多了一些说不出的情感。幼年的时候彼此见不着,他们哭;哭真安慰了他们。现在他们见不着,他们呆呆的坐着,闷闷的想着,他们愿杀了自己,也不甘隔离着。他们不知道到底为什么,好像一个黄蝴蝶追着一个白蝴蝶一样的不知为什么。

他们的亲爱是和年岁继续增加的。他们在孤寂的时候,渺渺茫茫的有一点星光,有一点活力,彼此掩映着,激荡着。他们的幽深的心香,纵隔着三千世界,好像终久可以联成一线,浮泛在情天爱海之中。他们遇见了,毫不羞愧的谈笑;他们遇不见,毫不羞愧的想着彼此,以至于毫不羞愧的愿意坐在一处,住在一处,死在一处……

"静姐!张师母的历史你知道?"

"一点,现在的情况我不知道。"

"你——你与——"

"王德，你又要说什么笑话？"

"今天笑话都气跑了，你与老——"

"老什么，王德？"

"静姐，你有新小说没有，借给我一本？"

"你告诉我你要说的话！"

"我告诉你，你要哭呢？"

"我不哭，得了，王德，告诉我！"

"老张要，"王德说到这里，听见街门响了一声，姑母手里拿着大包小罐走进来。

两个人忙着赶出去，接她手中的东西，姑母看了王德一眼没有说什么。王德把东西放在桌上，脸红红的到自己的小屋里去。

李静的姑母有六十来岁的年纪，身体还很健壮。她的面貌，身材，服装，那一样也不比别人新奇。把她放在普通中国妇女里，叫你无从分别哪是她，哪是别人。你可以用普通中国妇人的一切形容她，或者也可以用她代表她们。

她真爱李应和李静，她对她的兄弟——李应的叔父——真负责任看护李应们。她也真对于李氏祖宗负责任，不但对于一家，就是对于一切社会道德，家庭纲纪，她都有很正气而自尊的负责的表示。她是好妇人，好中国妇人！

"姑娘！你可不是七八岁的孩子，凡事你自己应当知道谨慎。你明白我的话？"

"姑母你大概不愿意我和王德说话？王德和我亲兄弟一样，我爱他和爱李应一样。"

"姑娘！姑娘！我活了快六十岁了，就没看见过女人爱男人不怀着坏心的。姑娘你可真脸大，敢说爱他！"

"姑母,说'爱'又怕什么呢?"李静笑着问。

"姑娘你今天要跟我顶嘴,好!好静儿!我老婆子就不许你说!你不懂爱字什么讲?别看我没念过书!"

"得了,姑母,以后不说了,成不成?"李静上前拉住姑母的手,一上一下的摇着,为是讨姑母的喜欢。

"啊!好孩子!从此不准再说!去泡一壶茶,我买来好东西给你们吃。"

好妇人如释重负,欢欢喜喜把买来的水果点心都放在碟子里。

李静把茶泡好,李应也回来了。姑母把王德叫过来,把点心水果分给大家,自己只要一个烂桃和一块挤碎了的饽饽。

"姑母,我吃不了这么多,分给你一些。"李应看姑母的点心太少,把自己的碟子递给她。

"不!李应!姑母一心一意愿意看着你们吃。只要你们肥头大耳朵的,就是我的造化。阿弥陀佛!佛爷保佑你们!有钱除了请高香献佛,就是给你们买吃的!"

好妇人不说谎,真的这样办!

"李应,你的事怎样?"李静故意避着王德。

"有些眉目,等姑父回来,我和他商议。"

"你见着他?"姑母问。

"是,姑父晚上回来吃饭。"

"李应!快去打酒!你姑父没别的嗜好,就是爱喝杯咸菜酒!好孩子快去!"

"李应才回来,叫他休息一会,我去打酒。"王德向那位好妇人说。

"好王德,你去,你去!"好妇人从一尺多长的衣袋越快而越慢的往外一个一个的掏那又热又亮的铜钱。"你知道那个酒店?出这条街往南,不远,路东,挂着五个金葫芦。要五个铜子一两的二两。把酒瓶拿直了,不怕摇荡出来,去的时候不必,听明白没有?快去!好孩子!……回来!酒店对过的猪肉铺看有猪耳朵,挑厚的买一个。他就是爱吃个脆脆的酱耳朵,会不会?——我不放心,你们年青的办事不可靠。把酒瓶给我,还是我去。上回李应买来的羊肉,把刀刃切钝了,也没把肉切开。还是我自己去!"

"我会买!我是买酱耳朵的专家!"王德要笑又不好意思,又偷着看李静一眼。

"我想起来了。"好妇人真的想了一会儿。"你们两个也不用出去吃饭,陪着你姑父一同吃好不好?"

王德没敢首先回答,倒是李应主张用他们的钱多买些菜,大家热闹一回。姑母首肯,又叫李应和王德一同去买菜打酒。因为作买卖的专会欺侮男人,两个人四只眼,多少也可少受一些骗。然后又嘱咐了两个少年一顿,才放他们走。

李静帮助姑母在厨房预备一切,李静递菜匙,姑母要饭杓;李静拿碟子,姑母要油瓶;于是李静随着姑母满屋里转。——一件事也没作对。

第 十 三

王德，李应买菜回来，姑母一面批评，一面烹调。批评的太过，至于把醋当了酱油，整匙的往烹锅里下。忽然发觉了自己的错误，于是停住批评，坐在小凳上笑得眼泪一个挤着一个往下滴。

李应的姑父回来了。赵瑞是他的姓名。他约有五十上下年纪，从结婚到如今他的夫人永远比他大十来岁。矮矮的身量，横里比竖里看着壮观的像一个小四方肉墩。短短的脖子，托着一个圆而多肉的地球式的脑袋。两只笑眼，一个红透的酒糟鼻。见人先点头含笑，然后道辛苦，越看越像一个积有经验的买卖人。

赵姑父进到屋里先普遍的问好，跟着给大家倒茶，弄的王德手足无措。——要是王德在赵姑父的铺子里，他还有一点办法：他至少可以买赵姑父一点货物，以报答他的和蔼。

赵姑母不等别人说话，先告诉她丈夫，她把醋当作了酱油。赵姑父听了，也笑得流泪，把红鼻子淹了一大块。

笑完一阵，老夫妻领着三个青年开始享受他们的晚饭。赵姑父递饭布菜，强迫王德，李应也喝一点酒，尝几块猪耳朵。

二两酒三个人喝，从理想与事实上说，赵姑父不会喝的超过二两或完全二两。然而确有些醉意，顺着鬓角往饭碗里滴滴有响的落着珍珠似的大汗珠。脸上充满了笑容，好像一轮红日，渐渐的把特红的鼻子隐灭在一片红光之中，像喷过火的火山掩映在红云赤霞里似的。

酒足饭饱，赵姑父拧上一袋关东烟，叫李应把椅子搬到院中，大家团团的围坐。赵姑母却忙着收拾杯盘，并且不许李静帮忙。于是李静泡好一壶茶，也坐在他姑父的旁边。

"姑父！我告诉你的事，替我解决一下好不好？"李应问。

"好！好！我就是喜欢听少年们想作事！念书我不反对，作事可也要紧；念书要成了书呆子，还不如多吃几块脆脆的猪耳朵。"赵姑父喷着嘴里的蓝烟，渐渐上升和浅蓝的天化为一气。"铺子里不收你们念书的作徒弟，工厂里不要学生当工人，还不是好凭据？你去当巡警，我说实在话，简直的不算什么好营业。至于你说什么'九士军'，我还不大明白。"

"救世军。"李应回答。

"对！救世军！那是怎么一回事？"

"我今天早晨出门在街上遇见了老街坊赵四。他在救世军里一半拉车，一半作事。他说救世军很收纳不少青年，挣钱不多，可是作的都是慈善事。我于是跑到救世军教会，听了些宗教的讲论，倒很有理。"

"他们讲什么来着？"王德插嘴问。

"他们说人人都有罪，只有一位上帝能赦免我们，要是我们能信靠他去作好事。我以为我们空挣些钱，而不替社会上作些好事，岂不白活。所以……"

"李应！这位上帝住在哪里？"王德问。

"天上!"李应很郑重的回答。

"是佛爷都在天上……"赵姑父半闭着眼,衔着烟袋,似乎要睡着。"不过,应儿,去信洋教我有些不放心。"

"我想只要有个团体,大家齐心作好事,我就愿意入,管他洋教不洋教。"李应说。

"你准知道他们作好事?"李静问。

"你不信去看,教堂里整齐严肃,另有一番精神。"

"我是买卖人,三句话不离本行,到底你能拿多少钱,从教堂拿。"

"赵四说一月五块钱,不过我的目的在作些好事,不在乎挣钱多少。"

"好!你先去试试,不成,我们再另找事。"赵姑父向李应说完,又向着王德说:"你的事怎样?"

"许我骂街,我就说。"王德想起那个镶金的人形兽。

"别骂街,有你姐姐坐在这里,要是没她,你骂什么我都不在乎。这么着,你心里骂,嘴里说好的。"

王德于是把日间所经过的事说了一遍。然后又发挥他的志愿。

"你看,"王德向赵姑父说:"我入学堂好不好?事情太不易找,而且作些小事我也不甘心!"

"念书是好意思,可是有一样,你父亲能供给你吗?你姐姐,"赵姑父指着李静说:"念了五六年书,今天买皮鞋,明天买白帽子,书钱花得不多,零七八碎差一点没叫我破产,我的老天爷!我不明白新事情,所以我猜不透怎么会一穿皮鞋就把字认识了。你知道你的家计比我知道的清楚,没钱不用想念书,找事作比什么也强。——姑娘,可别多心,我可无意说你花我的钱,我不心疼钱!好姑娘,给姑父再倒碗茶!"

赵姑父的茶喝足,把烟袋插在腰里。向着屋里说:

"我说——我要回铺子,应儿们的事有和我说的地方,叫他们到铺子找我去。"

"我说——"屋内赵姑母答了腔,然后拿着未擦完的碟子走出来。"今天的菜好不好?"

"好!就是有些酸!"

"好你个——发酸?可省酱油!酱油比醋贵得多!"

老夫妇哈哈的笑起来,赵姑父又向李静说:

"谢谢姑娘,作饭倒茶的!等着姑父来给你说个老婆婆!"

"不许瞎说,姑父!"李静轻轻打了她姑父一下。

"好姑娘,打我,等我告诉你婆婆!"

赵姑父笑着往外走,姑母跟着问东问西。李应们还坐在院里,约摸赵姑父已走出去四五分钟,依然听得见他的宏亮而浑厚的笑声。

第 十 四

中秋节的第二天,老张睡到午时才醒。因为昨天收节礼,结铺子的账,索欠户的债,直到四更天才紧一紧腰带浑衣而卧的睡下。洋钱式的明月,映出天上的金楼玉宇,铜窟银山,在老张的梦里另有一个神仙世界。俗人们"举杯邀月","对酒高歌",……与老张的梦境比起来,俗人们享受的是物质,老张享受的是精神,真是有天壤之判了!

因肚子的严重警告,老张不能再睡了,虽然试着闭上眼几次。他爬起来揉了揉眼睛,设法想安置老肚的叛乱。

"为什么到节令吃好的?"他想:"没理由!为什么必要吃东西?为什么不像牛马般吃些草喝点水?没理由!"

幸亏老张没十分想,不然创出《退化论》来,人们岂不退成吃草的牛马。

"有了!找孙八去!一夸他的菜好,他就得叫咱尝一些,咱一尝一些,跟着就再尝一些,岂不把老肚敷衍下去!对!……"

老张端了端肩头,含了一口凉水漱了漱口,走过孙八的宅院来。

"八爷起来没有?"

"笑话,什么时候了,还不起来,张先生,辛苦,进来坐!"

"我才起来。"

"什么，酒又喝多了？"

"哪有工夫喝酒？结账，索债就把人忙个头朝下！没法子，谁叫咱们是被钱管着的万物之灵呢！"

"张先生，我有朋友送的真正莲花白，咱们喝一盅。"

"不！今天我得请你！"老张大着胆子说。

"现成的酒菜，不费事！"

孙八说完，老张挤着眼一笑，心里说："想不到老孙的饭这么容易希望！"

酒饭摆好，老张显着十分亲热的样子，照沙漠中的骆驼贮水一般，打算吃下一个礼拜的。孙八是看客人越多吃，自己越喜欢。不幸客人吃的肚子像秋瓜裂缝一命呜呼，孙八能格外高兴的去给客人买棺材。

"八爷！我们的会期是大后天？"老张一面吃一面说，又忙着从桌上往嘴里捡喷出来的肉渣。

"大概是。"

"你想谁应当作会长？"

"那不是全凭大家选举吗？"孙八爷两三月来受自治界的陶染，颇有时把新词句用的很恰当。

"谁说的？自治会是我们办的，会员是我们约的，我们叫谁作会长谁才能作！"说着，老张又夹起一块肥肉片放在嘴里。

"可就是！就是！你说谁应当作会长？"

"等一等，八爷还有酒没有？我还欠一盅，喝完酒请大嫂热热的，酸酸的，辣辣的给咱作三碗汤饭，咱们一气吃完，再谈会务，好不好？"

"好！"孙八去到厨房嘱咐作汤饭。

老张吃完三碗汤饭，又补了三个馒头，几块中秋月饼，才摸了摸肚子，说了一句不能不说的："我饱了！"然后试着往起捧肚子，肚子捧起，身子也随着立起来，在屋内慢慢的走。舌根有些压不住食管，胃里的东西一阵阵的往上顶。

"八爷！有仁丹没有？给我几粒！新添的习气，饭后总得吃仁丹！"老张闭着嘴笑了一笑，以防食管的泛滥。

孙八给了老张几粒仁丹，老张吃下去，又试着往椅子上坐。

"小四！小四！"孙八喊。

"来了！叫我干什么？正跟小三玩得好好的！"

"去告诉你妈快沏茶！"

小四看了老张一眼，偷偷在他爹的耳根说："老师不喝茶，他怕伤胃。"孙八笑了一笑。小四回头看老张，恐怕老张看出他的秘密，赶紧对老张说："老师，我没告诉我爹你不喝茶！"

"好孩子，说漏了！我不喝坏茶？你爹的茶叶多么香，我怎能不喝，快去，好孩子！"

孙八满意了，小四忸忸怩怩的一条腿蹦到厨房去。

"八爷！据我的意见是举令叔，咱们的老人家，作会长。"

"家叔实在没有心干这个事，况且会里的人们不喜欢老年人。"

"八爷你听着，我有理由：现在会中的重要人物是谁？自然是南飞生，龙树古，和你我。咱们几个的声誉，才力全差不多，要是我们几个争起来，非把会闹散不可。闹散了会并不要紧，要紧的是假若政府马上施行自治，我们无会可恃，岂不是'大姑娘临上轿穿耳朵眼'，来不及吗？所以现在一来要避免我们几个人的竞争，二来要在不竞争之中还把会长落在我们手里，这就是我主张举令叔，咱们的老人家，的原因。"

"原因在那？"孙八问。

"我的八爷！这还不显而易见！你看，你是本地绅士，令叔是老绅士。身分，财产，名望，从哪里看这个会长也得落在孙家。要是被别人抬了去，不但是你孙家的羞耻，也是咱德胜汛的没面目。可是，你这个绅士到底压不过咱们老人家的老绅士去。你运动会长，南飞生们可以反对，我们要抬出去咱们老人家，保管他们无话可说。老人家自然不愿办事，那么，正好，叫老人家顶着名，你我暗中操持一切。你听明白了，我可不是有意耍咱们老人家。一句话说到底，我们不能叫外人把会长拿了去！"

"是！就是！越说越对！"孙八立起来向窗外喊："小三的妈！换好茶叶沏茶！"

"你我和李山东自然没有不乐意举老人家的，"老张接着说："龙树古呢，我去跟他说，他不敢不服从咱们。剩下一个南飞生叫他孤掌难鸣干瞪眼。至于职员呢，把调查股股长给老龙，文牍给南飞生，会计是我的，因为你怎好叔父作会长，侄子作会计。你来交际。我管着钱，你去交际，将来的结果是谁交际的广，谁占便宜。"

"就是！李山东呢？"

"他——，他的庶务！掌柜的当庶务叫作'得其所哉'！"

"可是，我们这样想，会员们能照着办吗？"

"八爷！你太老实了！老实人真不宜于办文明事！会员不是你我约来捧场的吗？你拿钱买点心给他们吃，他们能不听你的命令吗？"

"好！就这么办！张先生你多辛苦，去告诉他们。"

"自然！赔些车钱不算什么！"老张拍着肚皮：一来为震动肠胃，二来表示着慷慨热心。

"车钱我的事，为我叔父作会长，叫你赔钱，天下没有这种道理！"

"小事！我决不在乎！"老张说着捧起肚子就往起站。

"你等等，天还早，我去给你拿车钱！"

"不！"老张摇着头摆着手往外就走。

孙八一手拦着老张，一手从衣袋里掏出两块钱。老张不接钱，只听着孙八把钱往自己衣袋里放。啃啷一声两块钱确乎沉在自己衣袋的深处，不住的说："哪有这么办的！"然后又捧着肚子坐下。

两个人又谈了些关于自治会的事情。孙八打算如果叔父作了会长，他就在城里买一所房，以便广为交际。老张是自治成功，把学堂交给别人办，自己靠着利息钱生活，一心的往政界走。两个人不觉眉飞色舞，互相夸赞。

"说真的，八爷，作什么营业也没有作官妙。作买卖只能得一点臭钱，（钱少而由劳力得来的，谓之臭钱。看老张著《经济原理》第二十三章。）作官就名利兼收了！比如说，商人有钱要娶小老婆，就许有人看不起他。但是人一作官，不娶小老婆，就没人看得起。同是有钱，身分可就差多了！"

"就是！就是！"

"说话找话，八爷！你到底要立妾不要？"老张的主要目的才由河套绕过来,到了渤海口。

"我没心立妾,真的!"孙八很诚恳的说。

"八爷!八爷!你得想想你的身分啊!现在你是绅士,自治一成功你就是大人,有几个作大人的不娶妾?我问问你!武官作到营长不娶小,他的上司们能和他往来不能?文官作到知事不娶小,有人提拔他没有?八爷!你可是要往政界走的,不随着群走,行吗?"老张激昂慷慨,差一些没咬破中指写血书。

"你八嫂子为我生儿养女的,我要再娶一个,不是对不起她吗?"

"娶妾不是反对八嫂!"老张把椅子搬近孙八,两只猪眼挤成一道缝,低声而急切的说:"你要入政界,假如政界的阔人到府上看看,凭八嫂子的模样打扮,拿得出手去吗?你真要把八嫂陈列出去,不把人家门牙笑掉才怪!事实如此,我和八嫂一点恶感没有,你听清楚了!况且现在正是妇女贱的时候,你是要守旧的,维新的,大脚的,缠足的,随意挑选,身价全不贵,我们四十多的人了,不享这么一点福,等七老八十老掉了牙再说?而且娶妾是往政界走的第一要事,乐得不来个一举两得!论财产呢,你是财神,我是土地,我还要尝尝小老婆的风味,况且你偌大的大绅士,将来的大人!八爷!你细细想想,我说的有什么不受听,你自管把拳头往老张嘴上抡!"

"岂敢!岂敢!你说的都有理!"

"本来是有理的!我为什么不劝你嫖?其实嫖也是人干的事。因为有危险!自己买个姑娘,又顺心,又干净,又被人看得重,是只有好处没有害处。八爷,你想想!你有意呢，我老张不图分文，保管给你找个可心的人！"

孙八没有回答。

"你自己盘算着，我得进城了！"老张立起来，谢了谢孙八的饭，往外走，孙八送出大门。

小三，小四正在门外树底下玩耍，见老张出来，小四问：

"明天放学不放，老师？"

"一连放了三天还不够？"老张笑着说。真像慈蔼和祥的老师一样。

"好你个老师！吃我们的饭，不放我们的学，等我告诉我妈，以后永远不给你作饭！"

"你爹给我吃。"

"我爹？叫我妈打他的屁股！"

"胡说！小四！"孙八轻轻打了小四一掌。

"你妈才霸道！"老张看了孙八一眼。

"不霸道，像张师母一样？敢情好！"小四是永远不怕老张的。

"小四！快来！看这个大蜘蛛，有多少条腿！哟……"

"是吗，小三？……"小四跑到墙根去。

老张乘着机会逃之夭夭了！

第 十 五

老张本想给龙树古写封信,告诉他关于选举的计划。继而一想,选举而外,还有和龙树古面谈的事。而且走着进城不坐车,至少可以比写信省三分邮票。于是他决定作个短途的旅行。

龙树古住在旧鼓楼大街,老张的路线是进德胜门较近。可是他早饭吃得过多,路上口渴无处去寻茶喝。不如循着城根往东进安定门,口渴之际,有的是护城河的河水,捧起两把,岂不方便,于是决定取这条路。

古老雄厚的城墙,杂生着本短枝粗的小树;有的挂着半红的虎眼枣,迎风摆动,引的野鸟飞上飞下的啄食。城墙下宽宽的土路,印着半尺多深的车迹。靠墙根的地方,依旧开着黄金野菊,更显出幽寂而深厚。清浅的护城河水,浮着几只白鸭,把脚洗得鲜黄在水面上照出一圈一圈的金光。

老张渴了喝水,热了坐在柳树底下休息一会。眼前的秋景,好像映在一个不对光的像匣里,是不会发生什么印象的。他只不住的往水里看,小鱼一上一下的把水拨成小圆圈,他总以为有人从城墙上往河里扔铜元,打得河水一圈一圈的。以老张的聪明自然不久的明白那是小鱼们游戏,虽然,仍屡屡回头望也!

老张随喝随走,进了安定门。又循着城根往旧鼓楼大街走。

龙树古的住宅是坐东朝西的,一个小红油漆门,黑色门心，漆着金字，左边是"上帝言好事"，右边是"耶稣保平安"。左边门框上一面小牌写着"救世军龙"。

龙树古恰巧在家，把老张让到上屋去。老张把选举的事一一说明，龙树古没说什么，作为默认。

谈罢选举，老张提起龙树古的欠债，龙军官只是敷衍，满口说快还，可是没有一定日期。老张虽着急，可是龙树古不卑不亢的支应，使老张无可发作。

院中忽然一阵轻碎的皮鞋响，龙凤——龙军官的女儿——随着几个女友进来，看老张在上屋里，她们都到东屋里去说笑。

"姑娘还上学？"老张直把她们用眼睛——那双小猪眼——送到东屋去，然后这样问。

"现在已毕业，在教会帮我作些事。"

"好！姑娘也能挣钱，算你姓龙的能干！"

"那全凭上帝的保佑！"

"我要是有这么好的一个女儿，我老张下半世可以衣食无忧。可惜我没有那个福分。"老张很凄惨的说。

"我不明白你的意思。"

"这不难明白！现在作官的人们，那个不想娶女学生，凭姑娘这些本事，这个模样，何愁不嫁个阔人；你后半世还用愁吃穿吗！"

"我们信教的还不能卖女儿求自己的富贵！"龙树古板着面孔，代表着上帝的尊严。

"老龙！不能只往一面想啊！论宗教，我不比你懂得少，你现时的光景比前三四年强得多，为什么？上帝的恩典！为什么你有这么好的女儿？上帝的恩典！上帝给你的，你就有支配的权力。上帝给你钱,你可以随意花去,为什么不可以把上帝给的女儿,随意给个人家,你自己享些福?信佛,信耶稣,全是一理,不过求些现世福报。我说的宗教的道理。你想是不是?"

龙树古没回答,老张静静的看老龙的脸。

"你的债总还不清,并不是不能还,是不愿意还!"老张又刺了老龙一枪。

"怎么?"

"你看,有这么好的姑娘,你给她说个婆家,至少得一千元彩礼,债还还不清?把债还清,再由姑娘的力量给你运动个一官半职的,这不是一条活路?再说,收彩礼是公认的事,并不是把女儿卖了。你愿意守着饼挨饿,我就没有办法了!"

龙树古还没说话。

老张立起来背着手在屋内走来走去,有时走近门窗向龙姑娘屋里望一望。

"你也得替我想想,大块银饼子放秃尾巴鹰,谁受的了?你想想,咱们改日再见。你愿意照着我的主意办,我是分文不取,愿意帮忙!"

老张说完,推开屋门往外走,又往东屋望了望。

龙树古只说了一句"再见"!并没把老张送出去。

老张走远了,自己噗哧的一笑,对自己说:"又有八成,好!"他高兴异常,于是又跑到东城去看南飞生,以便暗中看看南飞生对于自治会的选举有什么动作。见了南飞生,南飞生对于会务一字没说,老张也就没问。

可幸的南飞生留老张吃晚饭,老张又吃了个"天雨粟,鬼夜哭"。吃完忙着告辞,手捧圆肚,一步三叹的挤出安定门。

第十六

老张奔走运动，结果颇好，去到孙八处报功邀赏。孙八又给他两块钱。两个人拟定开会通知，还在二郎庙开会。

城内外的英雄到齐，还由南飞生作主席。他先把会章念了一遍，台下鼓掌赞成，毫不费事的通过。（注意！其中一条是"各部职员由会长指派之。"）

会章通过，跟着散票选举。会员彼此的问："写谁？""写自己成不成？"……吵嚷良久，并无正确的决定，于是各人随意写。有的只画了一个"十"字，有的写上自己名字，下面还印上一个斗迹。乱了半点多钟，大家累得气喘喘的才把票写好。

坏了！没地方投放，执事先生们忘了预备票匦。有的主张各人念自己的票，由书记写在黑板上；有的主张不论谁脱下一只袜子来，把票塞进去，……最后龙树古建议用他的硬盖手提箱权当票匦。大众同意，把票纸雪片般的投入箱里，纷纷的散去，只有十几个人等着看选举结果。

南飞生念票，老张记数目，孙八，龙树古左右监视。

票纸念完，南，孙，张全倒吸一口凉气瞪了眼，原来龙树古当选为会长。

老张把心血全涌上脸来，孙八把血都降下去。一个似醉关公，一个似病老鼠，彼此看着说不出话。南飞生不露神色,只是两手微颤,龙树古坦然的和别的会员说闲话,像没看见选举结果似的。

"这个选举不能有效!"老张向大众说:"票数比到会的人数多,而且用的是老龙的箱子,显有弊病!"

"就是!就是!"孙八嚷。

"怎见得票数不符?"台下一个人说:"入场既无签到簿,就无从证明到会的人数。现在会员差不多散净,当然票数比现在的人数多。至于票甄有无弊病,以龙君的人格说,似乎不应当这样血口喷人。况且事前有失检察,事后捏造事实,这是有心捣乱,破坏自治!"

一个闷雷把老张打得闭口无言。

"上了当!怎办?"孙八把老张扯在一旁问。

"联络南飞生一齐反对老龙!"老张递给南飞生一个眼色,南飞生走下台来。

"怎么办?南先生!南大人!"老张问。

"事前为什么不和我联成一气?事已至此,我也没有法!"南飞生把头摇得像风车似的。

"你得辛苦辛苦!"孙八说。

"我只有一条法子。"

"听你的,南先生!"孙八真急了!

"我们现在强迫他指定职员,"南飞生依然很镇静的说:"他要是把重要职员都给我们呢,我们联络住了,事事和他为难,不下一两个月,准把他挤跑。他要是不把重要职员给我们,我们登时通电全国,誓死反对。"

"就是!就是!南先生你去和他说。"孙八真是好人,好人是越急越没主意的。

南飞生还没走到龙树古面前,只听会员中的一位说:

"请会长登台就职!"

龙树古慢慢的立起来往台上走,南飞生把他拦住。

"会计是你的!"龙树古向南飞生低声的说。南飞生点了点头,把会长的路让开。

会长登台先说了几句谦虚话,然后指定职员。

"南飞生先生,会计。"

老张打了一个冷战。

"孙定先生,交际。"

"辛苦!"孙八向自己说。

"张明德先生,庶务。"

老张又打了一个半冷半热的冷战。

"李复才先生,调查。……"

台下一鼓掌,龙树古又说了几句关于将来会务的设施,然后宣布散会。

龙会长下来和孙八等一一的握手,(个个手心冷凉。)然后同南飞生一同进城。

孙八气得要哭,李山东肚子饿极了,告辞回铺子去吃饭。

"好!一世打雁,今天叫雁啄了眼!老张要不叫你姓龙的尝尝咱世传独门的要命丸什么滋味,咱把家谱改了不姓张!"

"就是!张先生你得多辛苦!"

"八爷!你真要争这口气?"

"我要!我要!我要!"

"好!找个小馆先吃点东西,老张有办法!"老张显出十分英雄的气概，用腿顶屁股，用屁股顶脊骨，用脊骨顶脖子，用脖子顶着头，节节直竖的把自己挺起来。听说在《进化论》上讲，人们由四足兽变为两足动物，就是这么挺起来的。

两个人在德胜门关里找了一个小饭馆，老张怒气填胸，把胃的容量扩大，越吃越勇，直到"目眦尽裂"，"怒发冲冠"！

"八爷！你真要争气？"

"千真万真！"

"好！你不反对我的计划？"

"你说！我是百依百随！"

"第一你要娶妾不娶？"

"我——"

"八爷！你开付饭账，改日再见！"老张站起就走。

"这叫什么话，你坐下！"

"你看，头一件你就给我个闷葫芦。就是说一天，还不是吊死鬼说媒，白饶一番舌吗？"

"你坐下，娶！娶！"

"本来应当如此！"老张又坐下。"你听着，龙树古有个女儿，真叫柳树上开红花，变了种的好看。他呢，现在债眼比炮眼还大，专靠着她得些彩礼补亏空。我去给你把她买过来，你听清楚了，他可不欠我的债。买他女儿作妾，这还不毁他个到底！"

"我——"

"要作就作，不作呢，夹起尾巴去给龙军官，龙会长磕头，谁也不能说八爷不和善！"

"老张你太把我看小了！作！作！你多辛苦！"

"不用急！"老张先下热药，后下凉剂，使病人多得些病痛的印象。"这里决没危险！他的债非还不可，我们出钱买他的女儿，叫作正合适。这手过钱，那手写字据，决不会有差错！"

孙八只是点头，并未还言。

"八爷！你会饭账！你在家里等喜信罢！亲事一成，专等吃你的喜酒！把脸卷起来，乐！乐！"

孙八真的乐了！

第 十 七

一个回教徒，吃香蕉的时候并不似吃猪肉那样怀疑。为什么？那未免太滑稽，假如单纯的答道："不吃猪肉而吃羊肉，正如人们吃香蕉而不吃鱼油蜡烛。"这个问题只好去问一个脾气温和的回教徒，普通人们只用"这个好吃"和"那个不好吃"来回答，是永远不会确切的。

同样，龙树古为什么信耶稣教？我除了说"信教是人们的自由"以外，只好请你去问龙树古。

假如你非搜根探底的问不可，我只好供给你一些关于龙树古的事迹，或者你可以由这些事迹中寻出一个结论。

龙树古的父母，是一对只赌金钱不斗志气"黑头到老"的夫妻。他们无限惭愧的躺在棺材里，不曾践履人们当他们结婚的时候所给的吉祥话——"白头偕老"。他们虽然把金钱都赌出去，可是他们还怀着很大的希望，因为他们有个好儿子，龙树古自幼就能说他父母要说的话，作他父母要作的事。龙老者背着龙树古和人们常说："有儿子要不像树古那样孝顺，那叫作骆驼下骡子，怪种！"

龙老者专信二郎神，因为二郎神三只眼，当中那只眼专管监察赌场而降福于虔诚的赌徒。龙老太太专信城隍爷，龙树古小的时候曾随着母亲作过城隍出巡时候的轿前红衣神童。总之，龙树古自幼就深受宗教的陶染。

他在十八岁的时候,由他父母把东城罗老四驾下的大姑娘,用彩绣的大轿运来给他作媳妇。那位大姑娘才比他多七八岁,而且爱他真似老姐姐一样。有时候老夫妇不在家,小夫妇也开过几次交手战,可是打架与爱情无伤,打来打去,她竟自供献给他一个又白又胖的小女孩——龙凤。

龙凤生下来的第二天,就经一个道士给她算命。道士说:她非出家当尼姑不可,不然有克老亲。龙老夫妇爱孙女心盛,不忍照道士所说的执行。果然,龙凤不到三岁把祖父母全都克死。至今街坊见着龙凤还替龙老夫妇抱屈伤心!

龙树古自双亲去世,也往社会里去活动。不幸,他的社会,他的政府,许马贼作上将军,许赌棍作总长,只是不给和龙树古一样的非贼非盗的一些地位。更不幸的,他的夫人当龙凤八九岁的时候也一命呜呼!她的死,据医生说是水火不济,肝气侵肺。而据邻居说,是龙凤命硬,克伐十族。不然,何以医生明知是肝气侵肺,而不会下药攻肝养肺?

龙树古自丧妻之后,仍然找不到事作,于是投到救世军教会,领洗作信徒。最初信教的时候,邻居都很不满意他,甚至于见了龙凤,除不理她之外,私下里还叫她"洋妞儿"!后来龙树古作了军官,亲友又渐渐改变态度,把龙凤的"洋妞儿"改为"女学生"。

龙凤现在已有二十岁,她的面貌,谁也不能说长得丑,可是谁也不说她是个美人。因为她红润的脸永远不擦铅粉和胭脂,她的浓浓的眉毛永远不抹黑墨,她的长而柔软的头发永远不上黄蜡和香油。试问天下可有不施铅华的美人?加以她的手不用小红袖盖着,她的脚不用长布条裹得像个小冬笋,试问天下可有大手大脚的美人?

"野调无腔的山姑娘!她是没有妈的孩子,咱们可别跟她学!"这是邻居们指着龙凤而教训他们的女孩子的话。

他们父女却非常的快活,龙树古纵有天大的烦恼,一见了他的爱女,立刻眉开眼笑的欢喜起来。她呢,用尽方法去安慰他,伺候他,龙树古现在确乎比他夫人在世的时候,还觉得舒服一些。

我关于龙军官的事情,只能搜罗这一些,假如有人嫌不详细,只好请到鼓楼大街一带去访问。那些老太婆们可以给你极丰富的史料,就是那给龙凤算命的道士,有几位夫人,她们都说得上来。

第 十 八

李应真的投入救世军。王德依然找不到事作，除了又跟父亲要了几块钱而外，还是一团骄傲，不肯屈就一切。李应早间出去，晚上回来，遇上游街开会，回来的有时很晚。王德出入的时间不一定，他探听得赵姑母出门的消息，就设法晚些出去或早些回来，以便和李静谈几句话。李静劝他好几次，叫他回家帮助父亲操持地亩，老老实实的作个农夫，并不比城里作事不舒服。王德起初还用话支应，后来有一次自己管不住自己的嘴了。他说：

"静姐！我有两个志愿，非达到不可：第一，要在城里作些事业；第二，要和你结婚。有一样不成功，我就死！"

李静脸上微红，并未回答。

王德这几句话，在梦里说过千万遍，而不敢对她说。今天说出来了，随着出了一身热汗。好像久被淤塞的河水找着一个出口，心中的一切和河水的泛溢一般无法停止。

"静姐！静姐！"他上前拉住她的手。"我爱你！"

"兄弟！你怎么有些呆气？"

"我不呆，我爱你，我爱你！"王德虽然已经心乱了，可是还没忘用"爱"字来代表他心中的话。

"你放开我的手，姑母这就回来！"

他不放开她的手，她也就没再拒绝而由他握着，握得更紧了一些。

"我不怕姑母,我爱你!我死,假如你不答应我!"

"你先出去,等姑母下午出门,你再来!"

"我要你现在答应我!你答应了我,从此十年不见面,我也甘心,因为我知道世界上有一个爱我的人!说!静姐!"

"你真是年青,兄弟!我下午答复你还不成?姑母就回来!"

王德知道姑母的慈善与严厉,心中的血都蒸腾起来化为眼中的泪。李静的眼睛也湿了。两个人用握在一处的手擦泪,不知到底是谁的手擦谁的眼泪。

"我爱你!姐姐!"王德说完,放开她的手走出去。

他出了街门,赵姑母正从东面来,他本来想往东,改为往西去,怕姑母看见他的红眼圈。

李静手里像丢了一些东西,呆呆的看着自己,从镜子里。不知不觉的抬起自己的手吻了一吻,她的手上有他的泪珠。

赵姑母进来,李静并没听见。

"静儿!快来接东西!"

她懒懒的用手巾擦干了眼睛,出来接姑母买来的东西,——不知道是什么东西。

"姑娘!怎么又哭了!"

"没哭,姑母!"她勉强着笑了一笑。

"我知——道你小心里的事,不用瞒我。"

"真的没哭!"

"到底怎么了?"

"我——有些不舒服。直打喷嚏,好像是哭了似的。"

"是不是？你姑父不听话，昨天非给你烂柿子吃不可。瞧，病了没有！这个老——"好妇人开始着急了。"好孩子，去躺一躺，把东西先放在这里。想吃什么？姑母给你作。对了，你爱吃嫩嫩的煮鸡子，我去买！我去买！"

"姑母，我不想吃什么，我去躺一躺就好了！"

"不用管我，我去买！孙山东的小铺有大红皮油鸡子，这么大。"赵姑母用手比着，好像鸡子有茶壶那么大。说完，把脚横舒着，肥大的袖子抡的像飞不动的老天鹅一样跑出去。

李静躺在床上，不知想的什么，不知哭的什么，但是想，哭！

想起自己去世的父母，自己的叔父，李应，王德……不愿意哭，怕伤了姑母的心，然而止不住。……不愿意想，然而一寸长的许多人影在脑子里转。……忘了王德，为谁哭？为王德哭？想的却不仅是他！……

爱情要是没有苦味，甜蜜从何处领略？爱情要是没有眼泪，笑声从何处飞来？爱情是神秘的，宝贵的，必要的，没有他，世界只是一片枯草，一带黄沙，为爱情而哭而笑而昏乱是有味的，真实的！人们要是得不着恋爱的自由，一切的自由全是假的；人们没有两性的爱，一切的爱是虚空的。现在李静哭了，领略了爱的甜味！她的心像冲寒欲开的花，什么也不顾的要放出她的香，美，艳丽！她像黑云里飞着的孤雁，哀啼着望，唤，她的伴侣！她自己也不知道哭什么，想什么，羞愧什么，希望什么。只有这一些说不出的情感是爱情的住所。爱情是由这些自觉的甜美而逐渐与一个异性的那些结合，而后美满的。在这种情境之中的，好像一位盲目的诗人，夜间坐在花丛里，领略着说不出的香甜；只有一滴滴的露珠，湿透了他的襟袖，好似情人们的泪！

赵姑母去了不到十分钟就回来了。从门外就半哭半笑的喊：

"静儿！静儿！姑母可是老的要不得了！"

李静坐起来隔着玻璃往外看，只见姑母左手拿着两个鸡子，右手从衣襟上往下擦鲜黄的蛋汁。

"可要不得了，我这不中用的老东西！四个鸡子摔了一半！只顾快走，不看电线杆子，你看！"赵姑母说着，擦着，哭着，笑着，同时并举的忙着。

赵姑母把鸡子放在小铁锅里煮，手擦眼泪，嘴吹锅里的热气，以便看鸡子在锅里滚了几个滚。还不住的说："姑娘爱吃嫩的，爱吃嫩的……"嘴里只顾说，心里不记时间，捞出鸡子一看，已经一个煮裂了缝。

最激烈的中国家庭革命，就是子女拒绝长辈所给的吃食。吃九个半，假如长辈给你十个，至少你也是洋人转生的。李静不愿意惹姑母闹脾气，慢慢把鸡子吃了。然后打起精神，要帮着姑母作事，姑母拦着不叫作。

"姑母，我真好了！"李静说。

"是不是？一吃鸡子准好！我年青的时候，公公婆婆活着，鸡子？一根鸡毛也吃不着！我的肚子啊，永远空着多半截，就是盼着你叔父接我回娘家住几天，吃些东西。一吃就好！公公婆婆也不是对我不好，他们对儿媳妇不能不立规矩。幸亏有你叔父，要不是他，我早就饿成两层皮了！说起你叔父，现在受这罪，老天爷要是戴着眼镜，决不至于看不出好坏人！静儿！等你姑父回来，你跟他要一块钱，给你叔父买些东西给他送了去。我那个兄弟，待我真是一百一，我可忘不了他！"

姑母侄女一阵乱谈，姑母把说过一百二十五回的话，又说到一百二十六回。李静不用听，就可以永远回答的不错。

吃过午饭，赵姑母到东城去看亲戚。

王德并没往远处去，只围着护国寺庙前后转。有时走进庙里，从破烂的殿门往里呆呆的看着不走时运缺袍少帽的菩萨。他约摸着赵姑母已经出门，匆匆的跑回来。轻轻开了街门，先往自己屋里走，以备万一姑母没出门好再走出去。到了自己屋里，学着小说中侦探的样子，把耳朵靠在墙上听姑母屋里有无动静。听了半天，一无人声，二无犬吠，才慢慢开开门，低声叫了一声"静姐！"

"你进来，王德！"

李静坐在一张小椅上，王德没说话，走上前去吻了她一下。

接吻除了野蛮人可以在晴天白日之下作，文明人是不作的，纵然作，也在黑影里。现在这两个野蛮化的男女，居然如此，你说，……我没的说！

他们真敢冒险，真敢乱作，他们又吻了一吻，你说，……

…………

"你去罢，王德，我明白你的心！"

第十九

老张正要打龙树古的门,门忽然开开。老张往旁边一闪,走出一个少年,看了老张一眼,往前走去。

"李应!你上这里来作什么?"老张向前赶了几步。

"你管不着!"李应停住步。

"小小年纪,不必记仇,告诉我,到这里干什么?"

"见龙军官!"

"啊,见老龙!见他干什么?"

"有事!"

"好,不用告诉我,我打听得出来!"

李应怒冲冲的走去,老张看着他的后影,哧的笑了一声。

老张回过头来,门前站着龙凤,她也望着李应。老张心里痒了一下,心里说:"可惜咱钱不多,把一朵鲜花,往孙八身上推!无法!……"跟着,他换了一副笑容,走上前去:

"凤姑娘!你父亲在家?"

"我给你通知一声去。"龙凤把黑布裙轻轻一撩跑进去,好像一个小黑蝴蝶。老张低头把眼光斜射到她的腿腕:"多么细软的腿腕!"她又跑出来说:"请进来!"

老张进去,龙凤开开屋门,老张一看屋里,倒吸了一口凉气!

堂屋中间摆着一张长桌,盖着雪白的桌布。当中一瓶鲜花,四下摆着些点心和茶具。龙军官坐在桌子的一头,左边坐着三个黄头发,绿眼珠,尖鼻子,高脑门的洋人;右边坐着两个中国人,嘀哩嘟噜说外国话。老张除了庚子联军入京的时候,作过日本买卖以外,见着外国人,永远立在十丈以外看,现在相隔只有五尺,未免腿脚有些发软。

"请进来!"龙军官并没看老张。

老张鼓一鼓勇气,把腿搬起来往里挪。龙树古把手向右边的一个空椅一指,老张整团的咽唾液,坐下,坐的和洋人离着仅二尺多!

"张先生,北城的绅士,也是教育家。"龙军官向大众介绍,老张不住点头。

"凤姑娘你也坐下!"龙凤坐在她父亲的对面。

父女把茶倒好,龙军官向左边中间坐的那个年老的外国人说:

"请葛军官祈祷谢茶。"

那位军官用中国话迟迟顿顿的祷告起来,其余的全垂头合目屏住气。老张乘机会看看合眼的洋人什么样子,因为洋人睡觉是不易见到的。只听一声"阿门",众人全抬起头睁开眼,老张开始把眼闭上。

龙军官把茶递给大众,一一的问:"要糖和牛奶不要?"问到老张,他说了一个字"要"!心里想:"反正多要两块糖不吃亏!"

龙凤把点心递给大家,老张见洋人拿点心往嘴里送,他才大胆的拿了一块。

龙树古说说笑笑,洋人听不懂的,由右边坐的那两个人给翻译,于是洋人也笑了。龙凤和洋人是中西两搀的说,老张一点也不明白,只乘着大家不留神又拿了一块点心,把牛奶茶闭着气一口灌下去。

"赵四好了没了?"那个年老的洋人问。

"早好了!现在早晚祷告,很有进步!"龙树古回答。

"为粥厂捐钱怎样?"一个年青的洋人问。

"已捐进三百七十五元二毫。"挨着老张坐着的人说。

"这位张先生是慈善家,每年要捐钱的。"龙树古笑着向洋人说。

那位老洋人向老张一笑,用中国话问:"你好不好?"

"好!"老张仿着洋腔说。

"你捐钱不捐?现在。"洋人又问。

老张看着龙树古,龙树古替老张回答:

"他捐!年年要捐的!"龙军官紧跟向一个中国人说:"把捐册拿出来,请张先生认捐。"

"我没带着钱!"老张忙着说。

"不要紧!"那位拿着捐册的人说:"写了数目以后我们派人去取。久仰大善士!久仰!"

"凭老龙叫洋人念咒,洋人就登时低头念,咱现在惹不了他!"老张一面想,一面接捐册。从头至尾看了一遍,张,王,李,赵,不是五元就是三元,并没有半个铜子或一毛钱的。又看了一遍,结果发现了有一位是捐五毛钱的。于是老张咬着牙写了五角小洋的捐。

大家又闲谈了半天,龙树古和那位年老的外国人商议,去见李大善士劝捐,于是大家立起预备出去。

老张向龙军官丢了一个眼色,军官装没看见,反向龙凤说:

"把东西收拾起来,晚饭不用等我,我回来的早不了!"然后龙军官又回过头来向老张说:"多谢帮我们的款!一同出去好不好?"

老张随着众人出了街门,龙树古向老张说了声"再见",跟着洋人扬长而去。老张蹲在墙根下发呆。

他呆呆的想了半天,立起来又去敲门。

"张先生还没走?"龙凤开开门说。

"我不能走,我的话还没和你父亲说完。"

"父亲回来得早不了,你愿意等着也好。"龙凤说完,邦的一声把门关上。

债没讨成,亲事没说定,倒叫洋人诈去五毛钱,老张平生那受过这样的苦子!计无可出,掏出小账本写上了一句:

"十一月九日,老张一个人的国耻纪念日。"

第 二 十

"下雨是墨盒子，刮风是香炉。"是外国人对于北京的简妙的形容。中国人听了这两句话，只有夸赞形容的妙，而不觉得一个都城像墨盒子和香炉为不应当的。本来，为什么都城一定不像香炉和墨盒子，为什么世界不……

李静和姑父要了一块钱，买了些点心之类，出城去看她的叔父。出了她姑母的门，那冬天每日必来的北风已经由细而粗的刮起来。先是空中一阵阵的哨子响，好似从天上射来的千万响箭。跟着由野外吹来的黄沙和路上的黑土卷成一片灰潮，从一切有孔的东西打过穿堂。兜着顺着风走的人，兽的脚踵，压着逆着风走的脚面，把前者催成不自主的速进，把后者压成钉在地上的石桩。一阵风过，四外天空罩上一圈沙雾，阳光透过，好像飘浮着一层黄雪。跟着由远而近的响声又作，远处的高树先轻轻的点头，近处的一切可动的东西也渐次摇动。继而后面的怒潮又排山倒海而来，远近上下的东西就在吼叫中连成一片不可分析的波动与激荡。如此一阵，一阵，又一阵，树枝折了，薄的土墙倒了，路上的粪土吹净了，到红日西落的时候，才惨淡荒寒的休息一刻，等着夜里再攻袭大地的一切。

李静握着她的毛项巾，半闭着眼，走三步停两步的往前奔。走了好大半天才到德胜门。那城门洞的风更与众不同，好似千万只野牛,被怒火烧着,争着从城洞往外挤;它们的利角,刺到人的面上,比利刃多一点冷气,不单是疼。那一个城门洞分秒不停的涨着一条无形有声的瀑布,狂浪打的人们连连转身,如逆浪而行的小鱼。李静倒退着,挨着城墙,用尽全身力量,费了五分钟,才挤出去。出了城门风势更野了,可是吹来的黄沙比城里的腥恶的黑土干净多了。她奋斗着,到底到了家,只是鼻洼的沙土,已经积了半寸多厚。

篱墙被风吹的"咯吱,咯吱"的响,那座破磨盘,在她的眼里,一起一落的好像要被风刮走。除了这些响声,屋里连一声咳嗽都没有。她好似到了一个阴寒沉寂的山洞。

"叔父!我回来了!"

"啊?静儿?快进来!"

她的叔父围着一个小火炉,看着一本书。见了李静,他喜欢的像一个蜜蜂被风刮进一间温室满列着鲜花。可是他说话的声音依然非常低细,当风吼的时候,没有人可以听清楚他说的什么。

"叔父!是我!"

"快坐下烤一烤手!"

"我先去洗一洗脸。"她用那冻红的手指摸着脸蛋。

"不用!先坐下,我看看你!"

"叔父,我给你买来些点心。"她把点心包给她叔父看,纸包上已裹满了沙土。

"你又跟你姑父要了钱?以后千万别再跟他要,他的钱不是容易来的!"

"是!叔父你近来怎样?"

"我?照旧。好,你去洗脸!你又胖了一些,我放心了！"

她洗了脸，从袋中拿出两块钱来：

"叔父，这是李应给你的。"

"好！放在桌上罢。"

"叔父，你吃什么？我给你作一作！"李静见桌上放着一块冻豆腐和些葱蒜之类。

"好！给我作作。我自己作腻了！不吃，像缺些什么似的；吃，真是麻烦！"

李静一面收拾一切，一面和叔父说李应，王德的事，叔父点头的时候多于说话。饭食作好，叔侄欢欢喜喜的吃了。

"静儿你今年多大了？"她叔父低声问。

"叔父，你把我的岁数也忘了，到年底二十二！"李静半笑着，心中实在悲伤她叔父已把记忆力丧失。

"叔父老了！"他把手托住头额默默不语的半天，然后又问："那么你二十二了，你自己的事怎样？"

"什么是我自己的事，叔父？"

"妇女是没有自己的事的，人们也不许妇女有自己的事；可是我允许你主张你自己的事！"

"你是要叫我在城里找一点事作？"

"那有事给你们作！我的意思是你自己的婚事。静儿，你待你叔父要和待你母亲一样，要说什么，说！"

"这个事——"

"静儿！我先说罢！现在有人要买你作妾，你要是心目中有相当的人，赶快决定。你有了托身之处，我呢，怎样死也甘心！"

李静明白叔父所指的人，因为王德曾给过她些暗示。

"叔父！除死以外有第二个办法没有？"她把那两条好看的眉毛拧在一处。

"没有！没有！你靠近我一些，我细细的告诉你！"李静把小凳搬近了他一些，她叔父的声音，像半枯的黄叶，在悄悄的寒风里，作着悲哀的微响。"我明说罢：老张要买你！我打算在他提婚之际，把张师母救出来，现在已算失败，不用细说。第一步失败，第二步不能再延宕。就是你有合适的人，我赶快与你们立了婚约。我呢，对不起老张，只好一死！"

"叔父，你想我和李应要是有心的，能叫你死不能？"李静的声音颤了！

"静儿！把气稳下去！我活着怎见比死了强？这样的废物死了，除了你和李应哭我一场，以外别无影响。我宁愿死不愿见老张。他上次来，带着两个穿土色军衣的兵。他说：'不还钱，送侄女，两样全不作，当时把你送到监牢里去！'那两个灰色的东西立在窗外喊：'把他捆了走，不用费话！'……静儿！死了比这个强！"

"我不能看着你死，李应也不能！不能！不能！"她的脸变成灰色了！

"你听着！子女是该当享受子女的生命的，不是为老人活着！你要是不明白我的心，而落于老张之手，你想，我就是活着，不比死还难过？断送个半死的老人和一个青年，那个便宜，事情为什么不找便宜的作？我只要听你的事，告诉我！"

"姑母管束很严，我见不着生人，除了王德。"

"王德是个好孩子！"

"我们还都年青。"

"爱情是年青人讲的!好!静儿!我去和你王伯父商议。"

"可是我不能听着你寻死,叔父!"

"静儿!风小一点了,进城罢!我明白你们,你们不明白我!姑娘回去罢,问你姑父姑母好!"老人立起来,颤着把手扶在她肩上细细的端详她。她不能自制的哭了。

"静儿,走罢!唉!……"

第二十一

李静昏昏沉沉的进了德胜门,风是小了,可是泪比来的时候被风吹出来的更多了!

过了德胜桥,街上的人往前指着说:"看!董善人!"一个老妇人急切的向一个要饭的小姑娘说:"还不快去,董善人在那里,去!"

李静也停住看:一位老先生穿着一件蓝布棉袍盖到脚面,头上一顶僧帽,手中一挂串珠。圆圆的脸,长满银灰的胡子,慈眉善目的。叫花子把他围住,他从僧帽内慢慢掏,掏出一卷钱票,给叫花子每人一张。然后狂笑了一阵,高朗朗的念了一声"阿弥陀佛"!

李静心中一动,可是不敢走上前去,慢慢的随着那位老先生往南走。走过了蒋养房东口,那位先生忽然又狂笑了一阵,转过身来往回走,进了到银锭桥去的那条小巷。李静看着他进了小巷,才开始往姑母家走。

她低着头走,到了护国寺街东口。

"静姐!你回来了!"

王德立在一个铺子的外面,脸冻的通红。

"静姐!我的事成功了!"他像小孩子见着亲姐姐一样的亲热。

"是吗?"她说。

"是！给大强报校对稿子，访新闻。二年之后，凭我的才力，就是主笔。姐姐！你知道主笔都是文豪！"

"王德！"

"在！"

"姑母在家没有？"

"上铺子和姑父要钱去了。"

"快走，到家我告诉你要紧的事。"

"得令！"

王德随着赵姑父在天桥戏棚听过一次文武带打的戏。颇觉得戏剧的文学，有短峭明了的好处，每逢高兴，不知不觉的用出来。

两个人到了家，李静急切的对王德说："王德！你去给我办一件事，行不行？"

"行！可是等我说完我的事。"

"王德！"李静急得要哭，"我求你立刻给我办事去！"

"不！我要不先告诉明白你我的事，我心里好像藏着一条大蟒，一节一节的往外爬，那是这么一件事，我今天……"

"王德！你太自私了！你不爱我？"

"我不爱你，我是个没长犄角的小黄牛！"

"那么我求你作事，为什么不注意听？"

"说！姑娘！我听！说完你的再说我的！"

"你知道北城有一位董善人？你去给我打听他的住址。"

"你打听他作什么？"

"你要是爱我，请不必细问！"

"今天的事有些玄妙！不准问，不准说！好！不问就不问，王德去也！"

王德扯腿往外跑，邦的一声开开街门，随着"哎哟"了一声。李静跟着跑出来，看见王德一手遮着头，一手往起竖门闩。

"王德！打着没有？"

"没有！除了头上添了一个鹅峰。"王德说罢又飞跑去了。

不到十分钟，王德跑回来。

"王德，你的头疼不疼？"她摸了摸他的头依然是滚热的。

"不疼！静姐！我跑到街上，心生一计：与其到北城打听，不如去问巡警。果然巡警告诉我那位善人的住址，是在银锭桥门牌九十八号，你的事完了，该我说了罢？"

"说罢。"

"姐姐！你有什么心事？'说罢'两个字不像你平日的口气。"

"没有心事，你的事怎样？"

"作访员，将来作主笔！这绝不是平庸的事业！你看，开导民智，还不是顶好的事？"

"你要作文章，写稿子，报馆要是收你的稿件才怪！"

"静姐，你怎么拿我取笑！"王德真不高兴了。

"你不信我的话，等姑父回来问他，听他说什么！"

"一定！问了姑父，大概就可以证明你的话不对！"王德撅了嘴，心里想：怎样作稿子，怎样登在报上，怎样把有自己的稿子的报，偷偷放在她的屋里，叫她看了，她得怎样的佩服。……

李静想她自己的事,他想他自己的事,谁也不觉寂寞的彼此看着不说话。

李应回来了。

"李应!好几年没见!"王德好容易找到一个爱听他的事情的,因为李静是不愿听的。

"王德,怎么永远说费话?今天早晨还见着,怎就好几年?"李应又对他姐姐说:"叔叔说什么来着?"

"对,姐弟说罢!今天没我说话的地方!"

"王德!别瞎吵!"李应依旧问她:"叔父怎样?"

"叔父身体照常,只嘱咐你好好作事。"李静把别的事都掩饰住。

"王德你的事情?"李应怕王德心里不愿意,赶快的问。

"你问我?这可是你爱听?好!你听着!"王德可得着个机会。"今天我出城,遇见一位亲戚,把我介绍到大强报报馆,一半作访员,一半作校对。校对是天天作,月薪十元;访稿是不定的,稿子采用,另有酬金。明天就去上工试手。李应,学好了校对和编稿子,就算明白了报馆的一大部分,三二年后我自己也许开个报馆。我决不为赚钱,是为开通民智,这是地道的好事。"

王德说完,专等李应的夸奖。

"错是不错。"李应慢慢的说:"只是世界上的事,在亲自经验过以前,先不用说好说坏。"

"好!又一个闷雷!在学堂的时候我就说你像八十岁的老人。你说话真像我老祖!"王德并没缺了笑容。

"事实如此!并不是说我有经验,你没有。"

"我到底不信!世界上的事就真是好坏不能预料的吗?"

"你不明白我的意思,王德!等有工夫咱们细说,现在我要想一想我自己的事。"

李应说完走到自己的屋去,李静去到厨房作晚饭,只剩下王德自言自语的说:

"对!咱也想咱自己的事!"

第二十二

老张对龙树古下了"哀的美敦书"：

"老龙！欠咱的钱，明天不送到，审判厅见！如有请求，钱不到人到，即仰知悉！张印"

龙树古慌了，立刻递了降书，约老张在新街口泰丰居见面，筹商一切条件；其茶饭等费概由弱国支付！

双方的战术俱不弱，可是由史学家看，到底老张的兵力厚于老龙，虽然他是军官，救世军的军官。

双方代表都按时出席，泰丰居的会议开始。

"老龙！说干脆的！大块洋钱你使了，现在和咱充傻，叫作不行！"老张全身没有一处不显着比龙树古优越，仰着头，半合着眼，用手指着老龙。

"慢慢商议，不必着急。"龙军官依然很镇静。

"不着急是儿子！晶光的袁世凯脑袋，一去不回头，你不着急，我？没办法，审判厅见！"老张扭着头不看老龙，而看着别的茶客吃东西。

"打官司，老张你不明白法律。"

"怎么？"

"你看，现在打官司讲究请律师。假如你争的是一千元的财产，律师的费用，就许是五六百。打上官司，三年五年不定完案不完，车钱你就赔不起。即使胜诉，执行之期还远得很，可是车饭和律师出厅费是现款不赊。你要惜钱不请律师，我请，律师就有一种把没理说成有理的能力。"

"我很有几位法界的朋友，"龙军官不卑不亢的接着说："他们异口同声的说，宁受屈别打官司，除了有心争气，不计较金钱损失的。老张你平心静气的想想，顶好我们和平着办，你不信呢，非打官司不可，我老龙只有奉陪！"

老张翻了翻眼珠，从脑子里所有的账本，历史，翻了一个过。然后说：

"打官司与否，是我的自由，反正你成不了原告。你的话真罢假罢，我更没工夫想。不过老龙你我的交情要紧，似乎不必抓破了脸叫旁人看笑话。你到底怎么办？"

"慢慢的还钱。"

"别故意耍人哪，老龙！这句话我听过五百多回了！"

"你有办法没有？"

"有！只怕你不肯干！"

"咱听一听！"

"还是那句话，你有那么好的姑娘，为什么不可以得些彩礼，清理你的债务？"

"没有可靠的人替我办，彩礼也不会由天上飞下来，是不是？"

"你看这里！"老张指着他自己的鼻梁说："你的女儿就和我的一样，只要你肯办，老张敢说：作事对得住朋友！"

"你的计划在那里？"

"你听着，你看见过孙八爷没有？"

"不就是那位傻头傻脑的土绅士吗？"

"老龙，别小看了人！喝！土绅士？人性好，学问好。

而且是天生下来的财主！"

"他有钱是他的。"

"也许是咱们的！孙八爷年纪不大，现在也不过三十上下。前者他和我说，要娶一位女学生。我听过也就放在脑后，后来我看见凤姑娘，才想起这桩事。凭姑娘的学问面貌，孙八的性格地位，我越看越是一对天造地设的漂亮小夫妇。可是我总没和你说。"

"没明说，示过意？"

"老龙，老朋友，别一句不让！"老张故意卖个破绽，示弱于老龙，因为人们是可以赢一句话而输掉脑袋的！"果然你愿意办，我可以去对孙八说。事情成了，姑娘有了倚靠，你清了债，是不是一举两得？现在听你的，说个数目。"

"三十万块钱。"

"老龙！"老张笑起来。"别要少了哇！总统买姑娘也犯不上花三十万哪！"

"要卖就落个值得，五个铜子一个，我还买几个呢！"

"这不是卖，是明媒正娶，花红轿往外抬！彩礼不是身价！"

"那末，不写字据？"

"这——，就是写，写法也有多少种。"

"老张！咱们打开鼻子说亮话：写卖券非过万不可，不写呢，一千出头就有商议。好在钱经你的手，你扣我的债。那怕除了你的债剩一个铜子呢，咱买包香片茶喝，也算卖女儿一场，这痛快不痛快？"

"你是朋友，拿过手来！"老张伸出手和龙军官热热的握了一握。"卖券不写，婚书是不可少的！"

"随你办，办得妥，你的钱就妥。不然，钱再飞了，咱姓龙的不负延宕债务的责任。有我的女儿，有孙八的钱，有你这个人，就这么办，我敬候好音！"

"好朋友！来！今天先请咱喝盅喜酒！"

弱国担负茶饭，已见降书之内，龙军官无法要了些酒菜喂喂老张。

泰丰居会议闭幕，外面的狂风又狂吼起来。老张勇敢而快活的冲着北风往家里走，好似天地昏暗正是他理想的境域！

第二十三

王德撅着嘴,冲着尖锐杀肉的北风往赵姑母家里走,把嘴唇冻的通红。已经是夜里一点钟,街上的电灯被风吹得忽明忽灭,好似鬼火,一闪一闪的照着街心立着的冷刺猬似的巡警。路旁铺户都关了门,只有几家打夜工的铜铁铺,依然叮叮的敲着深冬的夜曲。间断的摩托车装着富贵人们,射着死白的光焰,比风还快的飞过;暂时冲破街市上的冷寂。

这是王德到报馆作工的第七夜。校对稿件到十一点钟才能完事,走到家中至早也在十二点钟以后。因赵姑父的慈善,依然许王德住在那里,夜间回来的晚,白天可以晚起一些,也是赵姑父教给王德的。

身上一阵热汗,外面一阵凉风,结果全身罩上一层粘而凉的油漆。走的都宁愿死了也不愿再走,才到了赵姑父家。他轻轻开开门,又轻轻的锁好,然后蹑足屏气的向自己屋里走。北屋里细长的呼声,他立住听了一会儿,心里说道:"静姐!我回来了!"

王德进到自己屋里,把蜡烛点上,李应的眼被烛光照得一动一动的要睁开,然后把头往被窝里钻进去。

"李应,李应!"王德低声的叫。李应哼了一声,又把头深深的藏在被里。王德不好意思把李应叫醒,拿着蜡烛向屋内照了一照,看见李应床下放着一双新鞋。然后熄了蜡烛上床就寝。

王德睡到次日九点钟才醒,李应早已出去。

"王德!该起来了!"窗外李静这样说。

"就起。"

"昨天什么时候回来的?"

"不用说,昨天我要没血性,就死在外面了!"

"午后出去不?"

"不一定。"

"姑母下午出城去看叔父。"

"好!我不出去,有话和你说。"

"我也想和你谈一谈。"

李静到厨房去作事,王德慢慢的起来,依然撅着嘴。

赵姑母预备出门,比上阵的兵丁繁琐多了,诸事齐备,还回来两次:一次是忘带了小手巾,一次是回来用碟子盖好厨房放着的那块冻豆腐。

赵姑母真走了,王德和李静才坦然坐在一处谈话。

"姐姐,谁先说?"

"你先说,不然你也听不下去我的。"她温媚的一笑。

"好姐姐!我现在可明白你与李应的话了!你们说我没经验,说我傻,一点不假!说起来气死人,姐姐,你想报馆的材料怎么来的?"

"自然是有人投稿,主笔去编辑。"

"投稿?还编辑?以前我也那样想。"

"现在呢?"

"用剪子!"

"我不明白你的意思。"

"东一块西一块用剪子剪现成的报，然后往一处拼，他们的行话叫作'剪子活'！"

"反正不是你的错处。"

"我不能受！我以为报纸的效用全没了，要这样办！还有，昨天我写了一个稿子，因为我在路上看见教育次长的汽车轧死一个老太太，我照实的写了，并没有加什么批语，你猜主笔说什么？他说：'不愿干，早早的走，别给我惹是非。你不会写一辆汽车撞死一个无名女人，何必一定写出教育次长的车？'我说：'我看见什么写什么，不能说谎！'主笔拍着桌子和我嚷：'我就不要你说实话！'姐姐！这是报馆！我不能再干！我不能说谎欺人！"

"可是事情真不易找，好歹忍着作罢！"李静很诚恳的安慰他。

"良心是不能敷衍的！得！我不愿再说了，你有什么事？"

"唉！"李静把手放在膝上，跟着笑了一笑，她天生来的不愿叫别人替她发愁。

王德看出她的心事，立刻又豪气万丈，把男儿英雄好义的气概拿出来，把手轻轻的放在她的手背上。

"姐姐！我可以帮助你吗？这样世界我活够了，只愿为知己的一死！那是痛快事！"

"兄弟，我所以不愿意对你说的缘故，也就是因为你年青好气。为我的事，不用说丧了你的命，就是伤了一块皮肤，我也不能作！"她松松握住他的手。

"姐姐！假如你是男的，我愿帮助你，况且你是女的，到底什么事？"

"我只能对你说，你可千万别告诉李应，他的性情并不比你温和。我不怕死，只怕死一个饶一个不上算，不聪明。"

"到底什么事？人要不完全和牛马一样，就该有比牛马深挚的感情！姐姐快说！"王德把腰板挺直这样说。

"你记得有一次你说老张要对我作什么？"

"我记得，姑母进来，所以没说完。"

"还是那件事，你知道？"

"知道！现在怎样？"

"我现在的心愿是不叫叔父死！我上次为什么叫你去打听那位董善人？"

"到如今我还不明白。"

"也是为这回事。我的心愿是：求那位善人借给我叔父钱还老张，我情愿给善人当婢女。可是我已见过他了，失败了！"李静呆呆的看着地上，停住说话。

"姐姐，详细说说！"他把她的手握紧了些。

"我乘姑母没在家，去找了那位善人去。恰巧他在家，当时见了我。我把我的心愿说给他听，他是一面落泪一面念佛。等我说完，他把我领到他的后院去，小小的一间四方院，有三间小北房，从窗眼往外冒香烟，里面坐着五六个大姑娘，有的三十多岁，有的才十七八岁，都和尼姑一样坐在黄布垫上打着木鱼念经。我进去，只有那个最年青的抬头看了看我。其余的除把声音更提高了一些，连眼皮也没有翻。"

"尼姑庵？"王德好像问他自己。

"我看了之后，善人又把我领到前面去，他开始说话：'姑娘你要救叔父是一片孝心'，'百善孝为先'，我是情愿帮助你的。可是你要救人，先要自救。你知道生来'女身'，是千不幸万不幸，就是雌狐得道也要比雄狐迟五百年，才能脱去女身，人类也是如此。不过童女还比出嫁的强，因为打破欲关，净身参道，是不易得的。那几个姑娘，两个是我的女儿，其余的都是我由火坑内救出来的。我不单是由魔道中把她们提拔出来，还要由人道把她们渡到神道里去。姑娘，我看你沉静秀美，道根决不浅，假如你愿意随我修持，你叔父的钱是不难筹措。'我迟疑了半天没有回答他，他又接着说：'姑娘，这件事要是遇在十年前，我当时就可以拿钱给你；现在呢，我的财产已完全施舍出去。我只觉得救人灵魂比身体还要紧。你愿意修行呢，我可以写个捐册，去找几位道友募化，他们是最喜欢听青年有志肉身成圣的。不然，我实在无法去筹钱。姑娘你想，社会上这么多苦人，我们只要拿金银去延长他们的命，而不拔渡他们的灵魂，可有什么益处；况且也没有那么些金银？你先回去，静心想一想，愿意呢，我有的是佛经，有的是地方，你可以随着她们一同修持。这是你自己的事，你的道气不浅，盼你别把自己耽误了！世上有人给你钱，可是没人能使你超凡入圣，你自己的身体比你叔父还要紧，因为你正是童身，千金难买，你叔父的事，不过才几百块钱！'我当时没有回答他，就回家来了。"

"到底你愿当尼姑不？"

"为什么我愿意？"

"你不愿意，他自然不借给你钱！"

"那还用说！"李静的脸变白了。

"姐姐！我们为什么不死呢？"王德想安慰李静，不知说什么好，不知不觉的把这句话说出来。

"王德!要是少年只求快死,世界就没人了!我想法救叔父,法子想尽,嫁老张也干,至于你我,我的心是你的,你大概明白我!"

她不能再支持了,呜咽咽哭起来。他要安慰她,要停住她的哭,可是他的泪比她的还多。

第二十四

王德与李静对哭,正是赵姑母与李静的叔父会面的时候。赵姑母给她兄弟买的点心,茶叶,三大五小的提在手内,直把手指冻在拴着纸包的麻绳上,到了屋内向火炉上化了半天,才将手指舒展开,差一些没变成地层内的化石。

她见了兄弟,哭了一阵,才把心中的话想起来,好似泪珠是妇女说话的引线。她把陈谷子烂芝麻尽量的往外倒,她说上句,她兄弟猜到下句,因为她的言语,和大学教授的讲义一样,是永远不变,总是那一套。

有人说妇女好说话,所以嘴上不长胡子,证之赵姑母,我相信这句话有几分可信。

说来说去,说到李静的婚事问题。

"兄弟!静儿可是不小了,男大当娶,女大当嫁,可别叫她小心里怨咱们不作人事呀!再说你把她托付给我,她一天没个人家,我是一天不能把心放下。女儿千金之体,万一有些差错,咱们祖宗的名声可要紧呀!"

"自然……"

"你听我的,"她不等他说完,抢着说:"城里有的是肥头大耳朵的男子,选择个有吃有穿的,把她嫁出去,也了我们一桩心事。不然姑娘一过了二十五岁,可就不易出手啊!我们不能全随着姑娘的意思,婚事是终身大事,长的好不如命儿好；就说半璧街周三的儿子，脸上一千多个麻子，嘴还歪在一边，人家也娶个一朵花似的大姑娘。别看人家脸麻嘴歪，真能挣钱，一月成千论百的往家挣。我要有女儿，我也找这样的给！我不能随着女儿的意思，嫁个年青俊俏的穷小子。兄弟，你说是不是？"

"也忙不得。"她兄弟低声的说。

"兄弟，你不忙，你可不知道我的心哪！你不进城，是不知道现在男女这样的乱反。我可不能看着我的侄女和野小子跑了！什么事到你们男人身上，都不着急，我们作妇人的可是不那样心宽。我为静儿呀，日夜把心提到嘴边来！她是个少娘无父的女孩子，作姑母的能不心疼她？能不管束她？你不懂，男人都是这样！"这位好妇人说着一把一把的抹眼泪。

她把点心包打开，叫兄弟吃，她半哭半笑的说：

"兄弟，吃罢！啊！没想到你现在受这个罪！兄弟！不用着急，有姐姐活着，我不能错待了你！吃罢！啊！我给你挑一块。"她拿了一块点心递给他。

他把一口点心嚼了有三分钟，然后还是用茶冲下去。他依然镇静的问：

"姐姐！假如现在有人要娶静儿，有钱有势力，可以替我还了债，可是年岁老一点。还有一个是姑娘心目中的人，又年青又聪明。姐姐你想那一个好？"

"先不用问那个好，我就不爱听你说姑娘心目中有人。我们小的时候，父母怎样管束我们来着？父母许咱们自己定亲吗？要是小人们能办自己的事，那么咱们这群老的是干吗的？我是个无儿无女的老绝户，可是我不跟绝户学。我爱我侄女和亲生的女儿一样,我就不能看着她信意把她自己毁了!我就不许她有什么心目中人,那不成一句话!"

好妇人越说越有理,越说越气壮,可惜她不会写字,要是她能写字,她得写多么美的一篇文字!

"那么,你的意思到底怎样?"他问。

"只要是你的主意,明媒正娶,我只等坐红轿作送亲太太!你要是不作主呢,我可就要给她定婚啦!你是她叔父,我是她姑母,姑奶奶不比叔父地位低,谁叫她把父母都死了呢!我不是和你兄弟耍姑奶奶的脾气,我是心疼侄女!"

"我明白了!"他低头不再说。

"兄弟你本来是明白人!说起来,应儿现在已经挣钱成人,也该给他张罗个媳妇了!你可不知道现在年青人心里那个坏呀!"

"慢慢的说罢!不忙!"他只好这样回答她。

赵姑母又说了多少个女子,都可给李应作妻子。鞋铺张掌柜的女儿,缠得像冬笋那样小而尖的脚;李巡长的侄女,如何十三岁就会缝大衫;……她把这群女子的历史,都由她们的曾祖说到现在,某日某时那个姑娘在厨房西南角上摔了一个小豆绿茶碗,那个茶碗碎成几块,又花了几个钱,叫锯碗的钉上几个小铜钉,源源本本的说来。她的兄弟听不清,我也写不清,好在历史本来是一本写不清的糊涂账!

第二十五

住在北京城而没到过中央公园①的，要不是吝惜十个铜元，是没有充分的时间丢在茶桌藤椅之间；要不是憎嫌那伟壮苍老的绿柏红墙，是缺乏赏鉴白脸红唇蓝衫紫裤子的美感；要不是厌恶那雪霁松风，雨后荷香的幽趣，是没有排御巴黎香水日本肥皂的抵抗力。假如吝惜十枚铜元去买门票，是主要原因，我们当千谢万谢公园的管理人，能体谅花得起十枚铜元的人们的心，不致使臭汗气战胜了香水味。至于有十个铜元而不愿去，那是你缺乏贵族式的审美心，你只好和一身臭汗，满脸尘土的人们，同被排斥于翠柏古墙之外，你还怨谁？

王德住在城里已有半年，凡是不买门票随意入览的地方，差不多全经涉目。他的小笔记本上已写了不少，关于护国寺庙会上大姑娘如何坐在短凳上喝豆汁，土地庙内卖估衣的怎样一起一落的唱着价钱，……可是对于这座古庙似的公园，却未曾瞻仰过，虽然他不断的由天安门前的石路上走。

他现在总算挣了钱，挣钱的对面自然是花费；于是那座公园的铁门拦不住他了。他也一手交票，一面越着一尺多高的石门限，仰着头进去了。

---

① 中央公园，即今中山公园。

比护国寺，土地庙……强多了！可是，自己的身分比在护国寺，土地庙低多了！在护国寺可以和大姑娘们坐在同一条板凳上，享受一碗酸而浓于牛乳的豆汁。喝完，一个铜元给出去，还可以找回小黄铜钱至于五六个之多。这里，茶馆里的人们：一人一张椅子，一把茶壶，桌上还盖着雪白的白布。人们把身子躺在椅子上，脚放在桌上，露出红皮作的鞋底连半点尘土都没有，比护国寺卖的小洋镜子还亮。凭王德那件棉袄，那顶小帽，那双布鞋，坐在那里，要不过来两个巡警，三个便衣侦探，那么巡警侦探还是管干什么的！

他一连绕了三个圈，然后立在水榭东边的大铁笼外，看着那群鸭子，（还有一对鸳鸯呢！）伸着长长的脖子，一探一探的往塘畔一条没有冻好的水里送。在他左右只有几个跟着老妈的小孩子娇声细气的嚷："进去了！又出来了！嘴里衔着一条小鱼！……"坐大椅子的人们是不看这个的。

他看了半天，腿有些发酸。路旁虽有几条长木椅，可是不好意思坐下，因为他和一般人一样的，有不愿坐木椅的骄傲。设若他穿着貂皮大氅稳稳当当的坐在木椅上，第二天报纸上，也许有一段"富而无骄，伟人坐木椅"的新闻，不幸他没有那件大氅，他要真坐在那里，那手提金环手杖的人们，仰着脸，鼓着肚皮，用手杖指着那些古松，讲究画法，王德的鼻子，就许有被手杖打破之虞！

"还是找个清静的地方去坐！"他对自己说。

他开始向东，从来今雨轩前面绕过北面去。更奇怪了！大厅里坐着的文明人，吃东西不用筷子，用含有尚武精神的小刀小叉。王德心里想：他们要打起架来，掷起刀叉，游人得有多少受误伤的！

吃洋饭，喝洋茶，而叫洋人拿茶斟酒，王德一点也不反对。因为他听父亲说过：几十年前，洋人打破北京城，把有辫子的中国人都拴起来用大皮鞭子抽。（因此他的父亲到后来才不坚决的反对剪发。）那么，叫洋人给我们端茶递饭，也还不十分不合人道。不过，要只是吃洋饭，喝洋茶，穿洋服，除给洋人送钱以外，只能区区的恫吓王德，王德能不能怕这冒充牌号的二号洋人！

然而王德确是失败了，他从家里出来的时候，虽没有像武官们似的带着卫兵，拿着炸弹，可是他脑中的刀剑，却明晃晃的要脱鞘而出的冲杀一阵。可怜，现在他已经有些自馁了："我为何不能坐在那里充洋人？"他今日才像雪地上的乌鸦，觉出自己的黑丑，自己的寒酸！千幸万幸，他还不十二分敬重"二号洋人"，这些念头只在他心上微微的划了一道伤痕，而没至于出血；不然，那些充洋人的不全是胎里富，也有的是由有王德今日的惭愧与希企而另进入一个新地域的！

王德低着头往北走，走到北头的河岸，好了，只有一片松林，并没有多少游人。他预料那里是越来越人少的，因为游公园的人们是不往人少的地方出闷锋头的。

他靠着东墙从树隙往西边的桥上看，还依稀的看得出行人的衣帽。及至他把眼光从远处往回收，看见一株大树下，左边露着两只鞋，右边也露着两只，而看不见人们的身体。那容易想到是两个人背倚着树，面向西坐着，而把脚斜伸着。再看，一双是男鞋，一双是女鞋，王德又大胆的断定那是一男一女。

王德的好奇心，当时把牢骚赶跑，蹑足潜踪的走到那株树后，背倚树干，面朝东墙，而且把脚斜伸出去坐下。你想:"假若他们回头看见我的脚,他们可以断定这里一共六只脚,自然是三个人。"

他坐下后,并听不见树那边有什么动静,只好忍耐着。看看自己的脚,又回头看看树那边的脚;看着看着,把自己的脚忽然收回来,因为他自己觉得那么破的两只鞋在这样美丽的地方陈列着,好像有些对不起谁似的。然而不甘心,看看树那边的鞋破不破。如果和我的一样破,为什么我单独害羞。他探着头先细细看那双男鞋,觉得颇有些眼熟。想起来了,那是李应的新鞋。

"真要是李应,那一个必是她——李静!"王德这样想。于是又探过头看那双女鞋,因为他可以由鞋而断定鞋的主人的。不是她,她的鞋是青的,这是蓝的。"不是静姐,谁?李应是见了女人躲出三丈多远去的。别粗心,听一听。"

树那边的男子咳嗽了两声。

"确是李应!奇怪!"他想着想着不觉的嘴里喊出来:"李应!"

"啊!"树那边好像无意中答应了一声。

王德刚往起立,李应已经走过来,穿着刺着红字的救世军军衣。

"你干什么来了,王德?"李应的脸比西红柿还红。

"我——来看'乡人摊'!"

"什么?"

"乡人摊!"王德笑着说。

"什么意思?"

"你不记得《论语》上'乡人摊,朝服立于阼阶'?你看那茶馆里的卧椅小桌,摆着那稀奇古怪的男女,还不是乡人摊?"

"王德,那是'乡人傩'①,老张把字念错!"

"可是改成摊,正合眼前光景,是不是?"

两个人说着,从右边转过来一位姑娘。王德立刻把笑话收起,李应脸上像用钝刀刮脸那么刺闹着。倒是那位姑娘坦然的问李应:"这是你的朋友?"

"是,这就是我常说的那个王德!"

"王先生!"那位姑娘笑着向王德点了点头。

王德还了那位姑娘一个半截揖,又找补了一鞠躬,然后一语不发的呆着。

"你倒是给我介绍介绍!"她向李应说。

"王德,这是龙姑娘,我们在一处作事。"

王德又行了一礼,又呆起来。

李应不可笑,王德也不可笑,他们和受宫刑的人们一样的不可笑。而可怜!

龙凤的大方活泼,渐渐把两个青年的羞涩解开,于是三个人又坐在树下闲谈起来。

龙凤是中国女人吗?是!中国女人会这样吗?我"希望"有这么一个,假如事实上找不到这么一个。

李应,龙凤都拿着一卷《福音报》,王德明白他们是来这里卖报而不是闲逛。

三人谈了半天话,公园的人渐形多起来,李应们到前边去卖报,王德到报馆作工去了。

---

① 乡人傩,"傩"读"挪",旧时迎神驱疫的仪式。这里有意把"傩"改为"摊",字形近似,变成了讽刺。

第二十六

北京的市自治运动，越发如火如荼进行的起劲。南城自治奉成会因为开会没有摇铃，而秩序单上分明写着"振铃开会"，会长的鼻子竟被会员打破。巡警把会所封禁，并且下令解散该会。于是城内外，大小，强弱，各自治团体纷纷开会讨论对待警厅的办法。有的主张缓进，去求一求内务总长的第七房新娶十三岁的小姨太太代为缓颊。有的主张强硬，结合全城市民向政府示威，龙树古的意见也倾向于后者。

龙树古在二郎庙召集了会议，讨论的结果，是先在城北散一些宣言，以惹起市民的注意，然后再想别的方法。

散会后老张把龙会长叫到僻静的地方，磋商龙凤的身价问题。老张说：孙八已经肯出一千元。龙树古说：一千出头才肯商议。老张答应再向孙八商议。龙树古又对老张说：如果不写卖券，他情愿送老张五十块钱，老张依然皱着眉说不好办，可是没说不要五十块钱。

"婚书总得写？"老张问。

"我们信教的，不懂得什么是婚书，只知道到教堂去求牧师祝婚。孙八要是不能由着我到教堂去行婚礼，那末我为什么一定随着他写婚书？"龙树古稳健而恳切的陈说。

"不写婚书，什么是凭据？别难为我，我是为你好，为你还清了债！"

"我明白，我不清债，谁卖女儿！不用说这宗便宜话！"

"我去和孙八说，成否我不敢定，五十元是准了？"

"没错！"

"好朋友！"

又是五十块！老张心里高兴，脸上却愁眉不展的去找孙八。

孙八散会后已回了家，回家自然是要吃饭。那么，老张为何也回孙八的家？

孙八才拿起饭碗，老张也跟着拿起饭碗。孙八是在孙八家里拿起饭碗。老张也在孙八家里拿起饭碗。老张的最主要的二支论法的逻辑学，于此又有了切实的证明。他的二支论法是：

"你的就是我的，我的就是我的。"

"八爷！今天人家老龙高抬脚作主席，我的脸真不知道往那里放！"

"我的脸要没发烧，那叫不要脸！你多辛苦！"孙八气得像惹恼的小青蛤蟆一样，把脖子气得和肚子一般粗。

"可是，不用生气。那个穷小子今天递了降书，挂了白旗。"

"什么降书？"孙八以为"降书"是新出版的一本什么书。

"八爷！你是贵人多忘事，你的事自己永远不记着。也好，你要作了总统，我当秘书长。不然，你把国家的事也都忘了。"

孙八笑了，大概笑的是"你作总统"。

"你没看见吗？"老张接着说："今天老龙立在台上，只把眼睛钉在你身上。散会后他对我说，凭八爷的气度面貌，决不委屈他的女儿。这就是降书！现在饭是熟了，可别等凉了！八爷你给个价钱！"

"我还真没买过活人，不知道行市！"孙八很慎重的说。

"多少说个数目！"

"我看一百元就不少！"孙八算计了半天，才大胆的说。

老张把饭碗放下，掩着嘴，发出一阵尖而不近人情的怪笑。喉内格格的作响，把饭粒从鼻孔射出，直笑的孙八手足无措，好像白日遇见了红眼白牙的笑鬼！

"一百元？八爷！我一个人的八爷！不如把一百元换成铜元，坐在床上数着玩，比买姑娘还妥当！我的八爷！"跟着又是一阵狂笑，好像他的骨髓里含着从远祖遗传下来的毒质，遇到机会往外发散。

"太少？"孙八想不起说什么来。

"你想想，买匹肥骡子得几百不？何况那么可爱的大姑娘！"

"你也得替我想，你知道叔父的脾气，他要知道我成千论百的买人，能答应我不能？"

"可有一层啊，买人向来是秘密的事，你不会事前不对他说；事后只说一百元买的，这没什么难处。再说为入政界而娶妾，叔父自有喜欢的，还闹脾气？你真要给叔父买个小老婆，我准保叔父心花笑开骂你一阵。老人们的嘴和心，比北京到库伦还远，你信不信？"

"就是，就是！到底得用多少？"孙八明白了！像孙八这样的好人，糊涂与明白的界线是不很清楚的。

小孩子最喜欢出阁的姐姐，因为问一答十，样样有趣，而且说的是别一家的事。孙八要是个孩子，老张就是他出阁的姐姐，他能使孙八听到别一世界的事，另一种的理。

"卖古玩的不说价钱，凭买主的眼力，你反正心里有个数！"

"辛苦！张先生！我真不懂行！"

要都是懂行的，古玩铺去赚谁的钱！要都是懂行的，妓女还往谁身上散布杨梅！

"这么着，我替老龙说个数，听明白了，这可是我替老龙说，我可分文不图！据老龙的意思，得过千呢！"老张把手左右的摆，孙八随着老张的手转眼珠，好似老张是施展催眠术。

"过千——"

"哼！要写卖券，还非过万不行呢！照着亲戚似的来往，过千就成！"

"自然是走亲戚好！到底得一千几？"

说也奇怪，老实人要是受了催眠，由慎重而变为荒唐比不老实人还快。

"一千出头，那怕是一千零五块呢。"

"就是一千零五罢！"孙八紧着说，惟恐落在后头。

"哈哈……！八爷你太妙了！我说的是个比喻！假如你成千累万的买东西，难道一添价就是五块钱吗？"

孙八低着头计算，半天没有说话。

"八爷！老张可不图一个芝麻的便宜啊！你的钱，老龙的姑娘，咱们是白跑破了一对红底青缎鞋！好朋友爱好朋友，八爷，说个痛快的！"

老张是没机会到美国学些实验心理学，可惜！不然，岂止于是一位哲学家呢!老张是没有功夫多写文章,可惜!不然他得写出多么美的文字!

话虽说了不少,饭可是没吃完。因为吃几口说几句话,胃中有了休息的时候,于是越吃越饿,直到两点多钟,老张才说了一句不愿意说而不能不说的"我够了",其实主要的原因,还是因为桌上的杯盘已经全空了。

饭后老张又振荡有致的向孙八劝诱。孙八结果认拿一千二百元作龙凤的身价。

"八爷!大喜!大喜!改日喝你的喜酒!"

第二十七

除了李应姊弟与赵老夫妇外,王德的第一个朋友要算蓝小山。蓝先生是王德所在的报馆的主任,除去主笔,要属蓝先生地位为最优。要是为他地位高,而王德钦敬他,那还怎算的了我们的好王德!实在,蓝先生的人格,经验,学问,样样足以使王德五体投地的敬畏。

王德自入报馆所写的稿子,只能说他写过,而未经印在报纸上一次。最初他把稿子装在信封里,交与主笔,而后由主笔扔在字纸篓里;除了他自己不痛快而外,未曾告诉过旁人,甚至于李氏姊弟;因为青年是有一宗自尊而不肯示弱于人的心。后来他渐渐和蓝先生熟识,使他不自主的把稿子拿出来,请蓝先生批评;于此见出王德和别的有志少年是一样,见着真有本事的人是甘于虚心受教的。有的稿子蓝先生批评的真中肯,就是王德自己是主笔,也不肯,至于不能,收那样的稿子。有的蓝先生却十分夸奖:文笔怎样通顺,内容怎样有趣;使王德不能不感激他的赏识,而更恨主笔的瞎眼。

蓝先生的面貌并不俊俏,可是风流大雅,王德自然不是以貌取人的。

蓝先生大概有二十五六岁,一张瘦秀椭圆的脸,中间悬着一支有棱有角的尖鼻。鼻梁高处挂着一对金丝蓝光小眼镜，浅浅的蓝光遮着一双"对眼"，看东西的时候，左右眼珠向鼻部集中，一半侵入眼角，好像鼻部很有空地作眼珠的休息室；往大了说，好似被天狗吞过一半，同时并举的日月蚀，不过有蓝眼镜的遮掩，从远处看不大出来。薄薄的嘴唇，留着日本式的小胡子，显出少年老成。长长的头发，直披到项部，和西洋的诗哲有同样的丰度。现在穿着一件黑羔皮袍，外罩一件浅黄色的河南绸大衫。手里一把白马尾拂尘，风儿吹过，绸大衫在下部飘起，白拂尘遮满前胸，长头发散在项后，上中下三部迎风乱舞，真是飘然欲仙。头上一顶青缎小帽，缝着一个红丝线结，因头发过厚的原因，帽沿的垂直线前边齐眉，后边只到耳际。足下一双青缎绿皮脸厚底官靴，膝部露着驼毛织的高筒洋式运动袜。更觉得轻靴小袖，妩媚多姿！

别的先不用说，单是关于世界上的教育问题的著作，据他告诉王德，曾念过全世界总数的四分之三。他本是个教育家，因与办教育的人们意见不合，才辞了教席而入报界服务。现在他关于"报馆组织学"和"新闻学"的书又念了全数的四分之三。论实在的，他真念过四分之四，不过天性谦虚，不愿扯满说话；加以"三"字的声音比"四"字响亮，所以永远说四分之三。

王德遭主笔的冷眼，本想辞职不干，倒是经蓝先生的感动，好似不好意思离开这样的好人。

"大生！"蓝先生送给王德的号是"大生"；本于"大德曰生"。王德后来见医生门外悬的匾额真有这么一句，心中更加悦服。而且非常骄傲的使人叫他"大生"。有的时候也觉得对他不十分恭敬似的，如果人们叫他"王德"。蓝先生说:"你的朋友叫什么来着？我说的是那个信耶稣教的。"蓝先生用右手食指弹着纸烟的烟灰，嘴中把吸进去的烟从鼻孔送出来，又用嘴唇把鼻孔送出来的烟卷进去，作一个小循环。一双对眼从眼镜框下边，往下看着烟雾的旋转，轻轻的点头，好似含着多少诗思与玄想！

"李应。"王德说。

"不错！我这几天写文章过多，脑子有些不大好。他为什么信教？"

"他——他本是个诚实人，经环境的压迫，他有些不能自信，又不信社会上的一切，所以引起对于宗教的热心。据我想这是他信教的原因，不敢说准是这样。"王德真长了经验，说话至于不把应当说的说圆满了！

"那是他心理的微弱！你不懂'心理学'罢？"

"'心理学'——"

"我从你头一天到这里就看出你不懂'心理学'，也就是我的'心理学'的应用。"

王德真感动了！一见面就看出懂不懂'心理学'，而且是'心理学'的应用！太有学问了！王德把自傲的心整个的收起来，率直的说：

"我不明白'心理学'！"

"你自然不明白！就是我学了三年现在还不敢说全通。我只能说明白些'宗教心理'，'政治心理'，至于'地理心理'，'植物心理'，可就不大通了！好在我明白的是重要的，后几项不明白还不甚要紧。"

"到底'心理学'是什么，有什么用？"王德恳切的问。

"'心理学'是观察人心的学问！"

王德依旧不明白，又问：

"先生能给我一个比喻吗？"

"大生！叫我'小山'，别天天叫先生，一处作事，就该亲兄弟一样，不要客气！至于举个例——可不容易。"蓝先生把手托住脑门，静静的想了三四分钟。"有了！你明白咱们主笔的脾气不明白？"

"我不明白！"王德回答。

"是啊！这就是你不明白'心理学'的原因。假如你明白，你就能从一个人的言语，动作，看出他的心。比如说，你送稿子给咱们主笔，他看了一定先皱眉。你要是明白他的心理，就可断定这一皱眉是他有意收你稿子的表示，因为那是主笔的身分。他一皱眉，你赶快说：'请先生删改'。你的稿子算准登出来。你要是不明白这一点，他一皱眉，你跟他辨别好歹，得，你就上字纸篓去找你的稿子罢！这浅而易懂，这就是'心理学'！"

王德明白了！不是我的稿子不好，原来是缺乏'心理学'的知识。但是人人都明'心理学'，那么天下的事，是不是只要逢迎谄媚呢？他心中疑惑，而不敢多问，反正蓝先生有学问，纵然不全对，也比我强得多。

"是！我明白了！"王德只能这样回答！

"大生！以后你写稿子，不必客气，先交给我，我替你看了，再送给主笔，我敢保他一定采用。我粗粗的一看，并不费神，你一月多得几块钱，岂不很好！"蓝小山把将吸尽的烟头，猛的吸了一口，又看了看，不能再吸，才照定痰盂掷去。然后伸出舌头舐了舐焦黄的嘴唇。

"谢谢你的厚意。"王德着实感激小山。

"大生，你一月拿多少钱？"

"从报馆？"

"从家里！"

"我只从报馆拿十块钱，不和家里要钱。"王德很得意他的独立生活。

"十块钱如何够花的！"

"俭省着自有剩钱的！"

"奇怪！我在这里一月拿五十，还得和家里要六十，有时候还不够。我父亲在东三省有五个买卖，前任总统请他作农商总长，你猜他说什么？'就凭总统年青的时候和我一同念书那样淘气，现在叫我在他手下作事，我不能丢那个脸！'你说老人家够多么固执！所以他现在宁多给我钱，也不许我入政界，不然我也早作次长了！"

王德又明白了：不怪小山那样大雅，本来人家是富家子弟，富家子弟而居然肯用功读书，毫无骄慢的态度，就太可佩服了！

"大生！"小山接着说："你要真是能省钱，为何不储蓄起来？我不储蓄钱，可是永远叫朋友们作，谁能保事情永远顺心；有些积蓄，是最保险！"蓝小山顺手从衣袋中掏出几本红皮的小本子在王德眼前摆了一摆，然后又放在衣袋里。王德仿佛看见那些小红本上印着金字像"大同银行"的字样。蓝小山接着说："我看不起金钱，可是不反对别人储蓄钱，因为贫富不同，不可一概而论。我父亲的五个买卖之中，一个就是银号，所以朋友们很有托我给他们办理存款的事的。大生！你要有意存钱，不拘数目么小，我可以帮你的忙！"

"是！等我过一两个月，把衣服齐整整，一定托你给我办。"王德心里不知怎样夸赞小山才好。有钱的人而能体谅没钱的，要不是有学问，有涵养，焉能有这样高明的见解。

"干什么买衣服？你看我！"小山掀起那件河南绸的大衫，"就是这件大衫，我还嫌他华丽，要不是有时候去见重要人，就这件袍罩我全不穿！肚子里有学问，不在穿得好坏。"

"那么我下月薪水下来就托你给我存在银行里两块钱！"王德不敢多说，因为每句话都被小山批评得恳切刺心。

"你也可以自己到银行里去！"

"我向来没上过银行。"

"交给我也好，好在存款的折子，你自己拿着，自然不至不放心！"

"你替我拿着，比我还可靠，哪能不放心！"

"自然，这五本全是我朋友的存款单，一本也不是我自己的。"小山又指了指他自己的衣袋。

小山又说了些别的话，王德增长不少知识。然后小山进城去办事，王德开始作他的工作。

王德真喜欢了！自幼至今除了李应的叔父，还没遇过一个有学问像蓝小山的。就是以李应的叔父比蓝小山，那个老人还欠一些新知识。以李应比小山，李应不过是个性情相投的朋友，于学问上是得不着什么益处的，而小山，只有小山，是道德学问样样完美的真正益友！

王德欢欢喜喜的作完工，一路唱着走进城来。风还是很大，路上还是很静寂，可是快乐是打破一切黑暗的利器；而有好朋友又是天下第一的乐事，王德的心境何独不然。

第二十八

赵姑母又老掉了一个牙,恰巧落牙的时候,正是旧历的除夕;她以为这是去旧迎新的吉兆,于是欢欢喜喜的预备年菜。李静也跟着忙碌。赵姑父半夜才回来,三个人说笑一阵。赵姑母告诉丈夫,她掉了一个牙。他笑着答应给她安一个金牙,假如来年财神保佑铺子多赚些钱。她恐怕吞了金,执意不肯。于是作为罢论。

王德回家去过年,给父亲买了一条活鱼,有二尺长。给李应的叔父买了一支大肥鸡。王老者笑的把眉眼都攒在一处舍不得分开,开始承认儿子有志气能挣钱。他把鱼杀了,把鱼鳞抛在门外,冻在地上,以便向邻居陈说,他儿子居然能买一条二尺见长欢蹦乱跳的活鱼。

李应也回家看叔父,买了些食物以讨叔父的欢心。可是李老人依旧不言不语,心中像有无限的烦苦。

孙八爷带着小三,小四一天进城至于五六次之多,购办一切年货。小三,小四偷着把供佛的年糕上面的枣子偷吃了五个,小三被他母亲打了一顿,小四跑到西院去搬来祖父孙守备说情,才算脱出危险。

老张算账讨债,直到天明才完事。自己居然疯了似的喝了一盅酒,吃两个值三个铜元一个的鸡卵。而且给他夫人一顿白米粥吃——一顿管饱的白米粥!老张因年岁的关系,志气是有些消沉，行为是有些颠狂！真给妻子一顿白米粥吃！

龙树古父女也不烧香，也不迎神，只是被街上爆竹吵的不能睡。父女围着火炉，闲谈一回，又玩一回扑克牌。

南飞生新近把劝学员（学务大人）由"署理"改为"实任"。亲友送礼庆贺者，不乏其人，他把他夫人的金镯典当三十块钱，才把礼物还清，好不忙碌。快乐能使人忙碌，忙碌也生快乐，南大人自然也忙也乐，或是且忙且乐！

蓝小山先生大除夕的还研究"植物心理学"，念到半夜又作了几首诗。蓝先生到底与众不同！

每个人有他自己异于别人的生趣与事业，不能一样，也无须一样。可是对于年节好似无论谁也免不了有一番感触，正如时辰钟到了一定的时候就响一声或好几声。生命好似量时间的机器！

…………

"新禧！新禧！多多发财！"人们全这样说着。

"大地回春，人寿年丰，福自天来，……"红纸黑字这样贴在门上。

新年！难道不是？

快乐！为什么不？

贺年！谁敢不去？

"！"对了！"？"自寻苦恼！

没告诉你世界就是那么一团乱气吗？

蜗牛负着笨重的硬壳，负着！

傻象（其实心里不傻）插着长而粗的牙，插着！

人们扛着沉而旧的社会，扛着！

热了脱去大衫，冷了穿上棉袍，比蜗牛冬夏常青穿着灰色小盖聪明多了!

社会变成蜗牛壳一样,生命也许更稳固。夏天露出小犄角,冬天去蛰宿,难道不舒服?

一时半刻哪能变成蜗牛,那么,等着罢!

第一个到孙八家里贺年的,谁也猜得到是老张。孙八近来受新礼教的陶染,颇知道以"鞠躬"代"叩首",一点也不失礼。可是老张却主持:既是贺旧历新春就不该用新礼。于是非给孙八磕头不可。他不等孙八谦让,早已恭恭敬敬的匍匐地上磕了三个头。然后又坚持非给八嫂行礼不可。幸而孙八还明白:老张是老师,万没有给学生家长内眷行礼的道理;死劝活说的,老张才不大高兴的停止。

中国是天字第一号的礼教之邦。就是那不甚识字的文明中国人也会说一句:"礼多人不怪。"

孙八受了老张的礼,心中好过不去;想了半天,把小三,小四叫进来,叫他们给老张行礼,作为回拜。

小三,小四还年幼,不甚明白什么揖让进退,谁也不愿意给老师磕头。孙八强迫着他们,小三磕了一个头站起就跑,小四把手扶在地上,只轻轻点了几点头。老师却不注意那个,反正有人跪在面前,就算威风不小。

两个人坐下闲谈,谈来谈去,又谈到老张日夜计划的那件事上。

"八爷,大喜!老龙已答应了你给的价钱!"

"是吗?"孙八仿佛听到万也想不到的事情!

"是!现在只听你选择吉期!钱自然是在吉期以前给他的!"

"他得给我字据,或立婚书!"孙八问。

"八爷！只有这一件事对不起你，我把嘴已说破，老龙怎么也不肯写婚书！他也有他的理由，他们信教的不供财神，和不供子孙娘娘，月下老人一样！他不要求你到教堂行婚礼，已经是让步！"老张锁着眉头，心中好像万分难过。

孙八看老张那样可怜，不好意思紧往下追，可是还不能不问：

"没婚书，什么是凭证？"

老张低着头，没有回答。

孙八也不再往上问。

"要不这么办，"老张眼中真含着两颗人造的泪珠。"八爷。你信得及我呢，把钱交给我，等你把人抬过来，我再把钱交给老龙。他知道钱在我手里不能不放心。八爷，你看怎样？再不然呢，我把我的新媳妇给你，假如你抱了空窝，受了骗！"

"你的新媳妇？张先生你可真算有心，为什么以前不告诉我？"

"以前跟你说过，我也有意于此，现在虽有七八成，到底还没定规准。"

"谁家的姑娘？"

"我只能告诉你，她是咱村里的，等大定规了，我再告诉你她的姓名。我很盼望和你能在同日结婚凑个热闹，只是一时不能办妥，怕你等不了我。"

"再有一两个月还不成？"

"不敢说。"

"快办，一块热闹！"孙八笑着说。

好人受魔鬼试探的时候，比不好人变的还快。孙八好像对于买姑娘贩人口是家常便饭似的随便说了，不但一点不以为奇，而且催着别人快办。世上不怕有蓝脸的恶鬼，只怕有黄脸的傻好人。因为他们能，也甘心，作恶鬼的奴仆，听恶鬼的指使，不自觉的给恶鬼扩充势力。社会永远不会清明，并不是因恶鬼的作祟，是那群傻好人醉生梦死的瞎捣乱。恶鬼可以用刀用枪去驱逐，而傻好人是不露形迹的在树根底下钻窟窿的。

孙八是个好人，傻好人，唯独他肯被老张骑着走。老张要是幸而有忏悔的机会，孙八还许阻止他。老张明白他自己，是可善可恶的，而孙八是一块黑炭，自己不知道自己怎么就黑了，而且想不起怎么就不黑了，因为他就没心。

"快！我紧着办！大概五月节以前可以妥当了！"老张说。

"好，我预备我的，你去快办你的！什么时候交钱，我听你的信。就照你的主意办！"

老张又给孙八出了许多主意，怎样预备一切，孙八一五一十的都刻在心上，奉为金科玉律。

老张告辞回家，孙八把他送出大门外，临别嘱咐老张："别叫叔父和你八嫂子知道了！"

第二十九

赵四何许人也？戏园饭店找不着他，公园文社找不着他……他在我们面前，只在德胜桥摔破了腿，后来把李应介绍到救世军去。只知道他是赵四，他的父母，祖父母，当人们问他的时候，他只一笑的说："他们都随着老人们死了。"至于赵夫人，我们也只能从理想上觉得，似乎应当有这么一位女人，而在事实上，赵四说："凭咱的一副面孔，一件蓝小褂，也说娶妇生子？"

赵四在变成洋车夫以前，也是个有钱而自由的人。从他的邻居们的谈话，我们还可以得到一些现在赵四决不自己承认的事实。听说他少年的时候也颇体面，而且极有人缘在乡里之中。他曾在新年第二日祭财神的时候，买过八十多条小活鲤鱼，放在一个大竹篮内，挨着门分送给他的邻居，因为他们是没钱或吝啬买活鱼祭神的。他曾架着白肚鹰，拉着黄尾犬，披着长穗羊皮袍，带着烧酒牛肉干，到北山山环内去拿小白狐狸；灰色或草黄的，看见也不拿。他曾穿着白夏布大衫，青缎鞋，噗咚一声的跳在西直门外的小河里去救一个自尽的大姑娘。你看人们那个笑他！他曾招集逃学的学童们在城外会面，去到苇塘捉那黄嘴边的小苇雀，然后一同到饭馆每人三十个羊肉东瓜馅的煮饺子，吃完了一散。……

常人好的事，他不好；常人不好的事，他好。常人为自己打算的事，他不打算；常人为别人不打算的事，他都张罗着。

他的高兴还没尽，而他的钱净了！平日给人家的钱，因为他不希望往回讨，现在也就要不回来；而且受过他的好处的人，现在比没受过他的钱的还不愿招呼他。有好几次，他上前向他们道辛苦，他们扭转脖项，给他看后脑瓢。于是赵四去到城外，捡了一堆砖块，在城墙上用白灰画了个圆圈，练习腕力和瞄准，预备打他们的脑瓢。

在赵四想，这不过是一种游戏：有钱的时候用饺子耍你们，没钱的时候用砖块耍你们，性质本来是一样的。谁想头部不坚固的人们，只能享受煮饺子，而受不住砖块。有一次竟打破了一个人的脑袋而咕嘟咕嘟的往外冒动物所应有的红而浓的血。于是赵四被巡警拿到监狱中，作了三个月的苦力。

普通人对于下过狱的人们，往往轻描淡写的加以徽号曰"土匪"，而土匪们对于下过狱的人们，谥以嘉名曰"好汉"。那一个对？不敢说。

赵四被大铁链锁着的时候，并不觉得自己是土匪，也不自认为好汉。因为要是土匪，他的劣迹在那里？要是好汉，为什么被人家拿锁疯狗的链子拴上？

可是他渐渐明白了：有钱便是好汉，没钱的便是土匪，由富而贫的便是由好汉而土匪。他也明白了：人们日用的一切名词并没有定而不移的标准，而是另有一些东西埋伏在名词的背后。他并没改了他旧日的态度，他只是要明白到底怎么样才算一条好汉。而身入监狱，倒像给了他得以深思默想的好机会。有钱是好汉？没钱是土匪？他又从新估量了！

他又悟出一条笨道理来。作好汉不一定靠着钱，果然肯替别人卖命，也许比把钱给人更强。假如不买鲤鱼分送邻居，而替他们作几桩卖力气的事，或者他们不至于把我像鲤鱼似的对待，——鲤鱼是冷血动物，当然引不起热血动物的好感。

他想到这里，于是去找牢中的难友讨论这个问题。有的告诉他，帮助别人是自找无趣，金钱与心力是无分别的，因为不愿帮助人的，在受别人帮助后不会用自己不愿帮别人的心想明白别人有爱人的心。不图便宜，谁肯白白替别人作事！有的笑着而轻慢的说，假若你把砖头打在国务总理脑袋上，你早到法国兵营，或荷兰使馆去享福了。用砖头打普通人是和给钱与他们一样不生好结果的。有的说，到底金钱是有用的，以金钱买名誉是货真价廉的；你以前的失败，是因为你的钱花的不当，而不是钱不肯叫你作好汉。在正阳门大街上给叫化子半个铜元，比在北城根舍整套的棉衣还体面；半夜出来要饭的是天然该饿死，聪明而愿作好汉的谁肯半夜黑影里施钱作好人！……

赵四迷惑了，然而在夜静的时候自己还觉得自己想的对。于是他出狱之后，早晨把家里的零碎东西拿到早市去卖，下半天便设法帮助别人，以实行他作好汉的理想。

有一次他把一个清道夫的水瓢抢过来替他往街心洒水，被巡警打了几拳，而且后来听说那个清道夫也被免了职。有一次他替邻家去买东西，他赔了十几多个铜元的车钱，而结果邻舍们全听说赵四替人家买东西而赚了钱！有一次他替一位病妇半夜里去请医生，医生困眼蒙眬的下错了药，而人们全瞒怨赵四时运不济至于把有名的医生连累的下错了药!……

他灰心了！狱中想出的哲学到现在算是充分的证明，全不对！舍己救人也要凑好了机会，不然，你把肉割下来给别人吃，人们还许说你的肉中含有传染病的细菌。

他的东西卖净了，现在是自己活着与死的问题了！他真算是个傻老，生死之际还想那条吃饭的道路可以挣饭吃而又作好事。他不能不去拉洋车了，然而他依然想，拉洋车是何等义勇的事：人家有急事，咱拉着他跑，这不是舍命救人！

哈哈！坐车的上了车如同雇了两条腿的一个小牛，下了车把钱甚至于扔在地上，不用还说一声"劳驾"！或"辛苦了"！更难堪的，向日熟识的人，以至于受过赵四的好处的人，当看见他在路上飞跑的时候，他们嚷："赵四！留神地上的冰，别把耳朵跌在腔子里去，跌进去可就不方便听骂啦！"他从前认识的和尚道士们称他为施主，为善人，现在却老着面皮向他说："拉洋车的，庙前不是停车处，滚！"当赵四把车停在庙外以便等着烧香的人们的时候。

其实"拉洋车的"或是"洋车夫"这样的头衔正和人们管教书的叫"教员"，住在南海的那位先生叫"总统"有同样的意义，赵四决不介意在这一点上。不过有时候巡警叫他"怯八义""傻铛铛"……赵四未免发怒，因为他对于这些名词，完全寻不出意义；而且似乎穷人便可以任意被人呼牛呼马而毫无抵抗力的。

"人是被钱管着的万物之灵！"老张真对了！赵四没有老张那样的哲学思想，只粗野的说："没钱不算人！"

人们当困窘的极点或富足的极点，宗教的信仰最易侵入；性质是一样的，全是要活着，要多活！

可是赵四呢，信孔教的人们不管他，信吕祖的人们不理他，佛门弟子嘲笑他。这样，他是没有机会发动对于宗教的热心的。不幸，偏有那最粗浅而含洋气的救世军欢迎他和欢迎别人一样，而且管他叫"先生"。于是赵四降服了，往小处说，三四年了，就没听过一个人管他叫"先生"。其实赵四也傻，叫一声"先生"又算什么！"先生"和"不先生"分别在那里？而赵四偏有这一点虚荣心！傻人！

有学问的人嫌基督教是个好勇斗狠的宗教。而在赵四想："学学好勇，和鬼子一般蛮横，顶着洋人的上帝打洋人，有何不可！"傻哉赵四！和别的普通中国人一样不懂大乘佛法，比普通中国人还傻，去信洋教！

赵四自入救世军，便一半给龙树古拉车，一半帮助教会作事，挣钱不多，而确乎有一些乐趣；至不济，会中人总称呼他"先生"。

第 三 十

赵四与李应是老街坊；李应在他叔父未穷的时候，也是住在城里的。……

李应在家里住了三天，也算过了新年。先到姑母家，然后到龙树古家，都说了些吉祥话。最后转到教会去找赵四。见了赵四，不好意思不说一句"新喜"！不是自己喜欢说，也不是赵四一定要他说，只是他觉的不说到底欠着一些什么似的。

"有什么可喜？兄弟！"赵四张着大嘴笑的把舌根喉孔都被看见，拉着李应的手问李老人身体怎样。他不懂得什么排场规矩，然而他有一片真心。

这时候会里没有多少人，赵四把他屋里的小火炉添满了煤；放上一把水壶，两个人开始闲谈。

赵四管比他年长的叫哥哥，小的叫兄弟。因为他既无子侄，又永远不肯受他人的尊称，所以他也不称呼别人作叔，伯，或祖父。他记得西城沟沿住的马六，在四十二岁的时候，认了一个四十岁的义父，那位先生后来娶了马六的第二个女儿作妾，于是马六由义子而升为老泰山。赵四每想起来，就替他们为难：设若马六的女儿生下个小孩子，应当算马六的孙呢，还是兄弟？若马六是个外国人，倒好办；不幸马六是中国人而必定把家庭辈数尊长弄的清清楚楚，欲清楚而不得,则家庭纲纪弛矣!故赵四坚持"无辈数主义",一律以兄弟相称,并非仅免去称呼之繁歧,实有益于行为如马六者焉!

"兄弟!"这是赵四叫李应。"为什么愁眉不展的?"

"哼!"李应很酸苦的笑了一笑。

"有心事?"

"四哥!你明白这个世界上没有可乐的事!"

"好兄弟,别和四哥耍文理,四哥不懂!我知道大饼十个铜元一斤,你要没吃的,我分给你半斤,我也吃半斤,这叫爱人。顺心的一块说笑;看着从心里不爱的呢,少理他;看着所不像人的呢,打,杀,这叫爱恶人;因为把恶人杀了,省得他多作些恶事,也叫爱人!有什么心事,告诉我,我也许有用!"

"四哥!我告诉你,你可别对外人说呀!"

"我和谁去说?对总统去说?人家管咱们拉洋车的臭事吗!"

屋中的火烧的红红的,赵四把小棉袍脱下来,赤着背,露着铁铸的臂膀;穿着一条一条的青筋。

"四哥!穿上衣服,万一受了寒!"

"受寒?屋里光着,比雪地里飞跑把汗冻在背上舒服的多!说你的事!"赵四说完,两只大手拍着胸膛;又把右臂一抡,从腋下挤出"瓜"的一声。

"我有两件事:一件是为自己,一件是为我姐姐!"李应慢慢的说。

"我知道小静儿,哼,不见她有几年了!"赵四腋下又"瓜"的响了一声。

"先说我自己的事!"李应脸红了!"四哥!你知道凤姑娘?"

"我怎么不知道,天天见。"

"年前龙军官对我说,要把她许给我。"

"自然你爱她!"赵四立起来。

"是!"

赵四跳起来,好似非洲土人的跳舞。腋下又挤的"瓜"的一声响,恰巧门外放了一个大爆竹,赵四直往腋下看,他以为腋下藏着一个炸弹。然后蹲在地上,笑的说不出话。

"四哥你怎么了?"李应有些起疑。

"好小子爱好姑娘,还不乐!"

"先别乐!我身上就这一件棉袍。手中分文没有,叫我还敢往结婚上想!我一面不敢过拂龙军官的好意,一面又不敢冒险去作,我想了几天也不敢和叔父说。"李应看着炉中的火苗,跳跳钻钻的像一群赤着身的小红鬼。

"定下婚,过几年再娶!"

"四哥,你还不明白这件事的内容。"

"本来你不说,我怎能明白!"

"龙军官欠城外老张的钱,现在老张迫着他把凤姑娘给城外孙八作妾,所以龙军官急于叫我们结婚,他好单独对付老张。说到老张,就与我的姐姐有关系了:他要娶我姐姐折我叔父欠他的债。我第一不能结婚,因为又年青又穷;第二我不能只管自己而把我叔父和姐姐放在一旁不管……"

"兄弟!你要这么告诉我,我一辈子也明白不了!老张是谁?孙八是怎么个东西?"赵四把眼睛瞪的像两个肉包子,心中又着了火。

153

李应也笑了,从新把一切的关系说了一遍。

"是杀老张去,还是用别的法子救她?"李应问。

"等等!咱想一想!"赵四把短棉袄又穿上,脸朝着墙想。

"兄弟!你回家去!四哥有办法!"

"有什么办法?"

"现在不能说,一说出来就不灵验了!"

李应又坐了一会儿,赵四一句话也没说。李应迷迷糊糊的走出教会,赵四还坐在那里像位得道的活神仙。

第三十一

蓝小山告诉王德，他每天到饭馆吃饭至少要用一块半钱，而吃的不能适口。王德不晓得一块多钱的饭怎样吃法，因为他只吃过至多二毛钱一顿的；可是不能不信没有这样的事，虽然自己没经验过。

报馆开张了，王德早早的来上工。他一进门只见看门的左手捧着一张报纸，上面放着一张薄而小的黑糖芝麻酱饼；右手拿着一碗白开水往蓝小山的屋里走。

王德没吃过一块半钱一顿的饭，可是吃过糖饼，而糖饼决不是一块半钱一张，况且那么薄而小的一张！

蓝小山正坐在屋里，由玻璃窗中看见王德。

"大生进来！"

王德不好意思拒绝，和看门的前后脚进去。看门的问："要别的东西不要，蓝先生？"

"去罢！"小山对仆人的词调永远是简单而含有命令气的。

王德坐下，小山拿起糖饼细嚼缓咽的自由着。

"我的胃可受不了那么油腻的东西！你知道，亲友到年节非请我吃饭不可。他们的年菜是油多肉多，吃的我肚子疼的不了；不吃罢，他们又要说我骄傲择食！难题，难题！今天我特意买张糖饼吃，你知道，芝麻酱是最能补肚子的！中国家庭非改革不可,以至于作饭的方法都非大改特改不可!"小山说着把饼吃完,又把一碗开水轻轻的灌下去。喝完水,从抽屉里拿出两块金黄色橘子皮。把一块放在口中含着,把那一块放在手心里,像银号老板看银子成色的样子,向王德说:

"大生!说也可笑!一件平常的事,昨天一桌十几多个人会都不知道。"

"什么事,小山?"

"你看,橘子是广州来的最好,可是怎能试验是不是广州货呢?"

"我不知道!"

"你也不知道?你看这里!"小山把橘皮硬面朝外,白皮朝里往墙上一贴,真的贴住了!"这是广州来的!贴不上的是假的!昨天在西食堂吃大餐,我贴给他们看;这是常识!"

小山说罢,从墙上把橘皮揭下来又放在抽屉里。

两个人谈来谈去,谈到婚姻问题。谈男女的关系是一班新青年最得意的事。而且两个男的谈过一回关于女子的事,当时觉得交情深厚了许多。

"我明白女子的心理,比男子的还清楚,虽然我是男子。"小山说。"我明白恋爱原理比谁也透澈,虽然我现在无意于结婚,女子就是擦红抹粉引诱男性的一种好看而毫无实在的东西!恋爱就是苟合的另一名词,看见女子,不管黑白,上去诱她一回。你看透她的心理,壮着你自己的胆量,你就算是恋爱大家!我现在无意结婚,等我说要时候,我立在中央公园不用说话,女的就能把我围上!"

"我——我不敢——"

"有话请说，好在是闲谈。"

"我不敢说你的经验准对。"王德的脸又红了！"我信女子是什么都可以牺牲的，假如她爱一个男子，男子不明白她们，反而看着她们是软弱，是依赖！至于恋爱的道理我一点也不懂，可是我觉得并不是苟合，而是神圣！"

王德说不出道理来，尤其这是头一次和小山辩论，心中不能坦然的细想，就是想起来的，口中也传达不出来。

小山把一双眼珠又集中在鼻部，不住的点头。

"大生！你是没交结过女的，所以你看她们那么高。等你受过她们的害以后，你就明白我的话了！"

"我也有个女朋友……"王德被人一激，立刻把实话说出来。后悔了，然而收不回来了！

"是吗？"小山摘下眼镜，擦了擦眼镜，揉了揉眼。面部的筋肉全皱起来，皱起的纹缕，也不是哭的表示，也不是笑，更不是半哭半笑，于无可形容之中找出略为相近的说，好像英国七楞八瓣的小"牛头狗"的脸。

"是！"王德永远看不起"说过不算"的人，于是很勇敢的这样承认。

"告诉我，她是谁？我好帮助你把她弄到手！"小山用比皮袄袖子长出一块的那件绸大衫的袖子，轻轻拂了王德的脸一下。

"她与我和亲姊弟一般，如今我们希望比姊弟的关系更进一层！我不愿听这个'弄'字，我十分敬爱她！"王德今天开始有一些不爱小山了，然而只在讲爱情的一点，至于别的学问，小山依旧是小山；人们那能十全呢？会作好诗好文的，有时候许作出极不光荣的事，然而他的诗文，仍有他的价值。

"到底她是谁？'弄'罢'不弄'罢，反正我是一片好心要帮助你！女子的心理你不如我明白的多！"

"李应的姐姐，我们自幼就相知！"王德很郑重的说。

"噢！在教会的那个李应？"

"他的姐姐！"

"好！好！你们已定婚？"

"彼此心许，没有正式的定规！"

"好！我帮助你！我无意结婚，因为我看女子是玩物，我看不起她们，可是我愿帮助别人成其好事，借此或者也可以改一改我对于女子的成见！"

王德——诚实的少年——把一切的情形告诉小山。小山满口答应替王德出力，然后两个人分头去作他们的事。

…………

老张与蓝小山的哲学不同，所以他们对于女子的态度也不同。老张买女子和买估衣一样，又要货好又要便宜；穿着不合适可以再卖出去。小山是除自己祖母以外，是女人就可以下手，如其有机可乘！从讲爱情上说，并不是祖母有什么一定的难处，实在因为她年老了！谄媚她们，把小便宜给她们，她们是三说两说就落在你的陷阱。玩耍腻了一个，再去谄媚别个，把小便宜给别个，于是你得新弃旧，新的向你笑，旧的向你哭，反正她们的哭笑是自作自受！

老张要不是因人家欠他的债，是不肯拿钱买人的，可是折债到底是损失金钱，于此，他不如小山只费两角钱为女人们买一张电影票！那不是老张的脑力弱于小山，见解低于小山，而是老张与小山所代表的时代不同，代表的文化不同！

老张是正统的十八世纪的中国文化,而小山所有的是二十世纪的西洋文明。老张不易明白小山,小山不易明白老张,不幸他们住在同一个社会里,所以他们免不了起冲突,相攻击,而越发的彼此不相能。不然,以老张的聪明何苦不买一张电影票弄个女的,而一定折几百元的债!不然,小山何不花三百元买进,而五百元卖出,平白赚二百元钱,而且卖出之前,还可以同她……

第三十二

"妇女是干什么的?"

王德听了蓝小山的话,心中疑惑,回家之后当着赵姑母又不敢问李静,于是写了一个小纸条偷偷的递给李静。

李静的答复,也写在一个纸条上,是:

"妇女是给男人作玩物的!"

王德更怀疑了:蓝小山这样说,李静也这样说!不明白!再写一个纸条,细问!

写纸条是青年学生最爱作的,如果人们把那些字纸条搜集起来,可以作好好的一篇青年心理学。可惜那些纸条不是撕了,就是掷在火炉内;王德是把纸条放在嘴里嚼烂而后唾在痰盂内的。几年前他递给一个学友一张纸条,上写:"老张是大王八"。被老张发现了,打的王德自认为"王八",这是他所以嚼烂纸条的原因。

李静的纸条又被王德接到,写着:

"我只好作玩物了,假如世上有的男子——王德,你或者是一位,——不拿妇女当玩物,那只好叫有福的女子去享受,我无望了!"

赵姑母是步步紧跟李静,王德无法和她接近,又不好意思去问李应,于是低着头,拧着眉,往街上去。

时候尚早,不到上报馆作工的时间。他信马由缰的走到中央公园,糊里糊涂的买了一张门券进去。正是新年,游人分外的多;王德不注意男人,专看女的,因为他希望于多数女子的态度上,得一点知识,以帮助他解决所要解决的问题。

一群一群的女子,有的把红胭脂擦满了脸,似女性的关公;有的光抹一层三分多厚的白粉,像石灰铺的招牌;有的穿着短袍没有裙子,一扭一扭的还用手拍着膝上腰下特别发展的那一部分;有的从头到尾裹着貂皮,四个老妈搀着一个,蚯蚓般的往前挪;有的放开缠足,穿着高底洋皮鞋,鞋跟露着一团白棉花;有的白脸上戴着蓝眼镜,近看却是一只眼:

"她们一定是玩物了!"王德想:"有爱关公的,有爱曹操的,这是她们打扮不同而都用苦心打扮的原因!……"

"有没有例外?我是个不以女子当玩物的男子,有没有不以玩物自居的女子?李静?……"

王德越想越乱,立在一株大松树下,对松树说:"老松!你活了这么多的年岁,你明白罢?"老松微微的摇着头。"白活!老松!我要像你这样老,什么事我也知道。"王德轻轻的打了老松几下,老松和老人一样的没知觉,毫无表示。王德无法,懒懒的出了公园到报馆去。

"小山!你的话对了!"王德一心的要和小山谈一谈。

"什么话?"

"女子是玩物!"

"谁说的?"

"你昨天说的,跟我说的!"

"我没有!"

"昨天你吃糖饼的时候说的,忘了?"

"是了!我想起来了!原谅我,这几天过年把脑子都过昏了!天天有那群讨厌的亲友请吃酒,没法子不得不应酬!你看,昨天晚上九点钟,还被参谋次长拿电话把我约去;一来他是我父亲的好友,二来我作着报界的事,怎好得罪他,去罢!大生!那位先生预备的'桂花翅子',是又柴又硬,比鱼头还难吃!我要是有那样的厨子,早把他送警察厅了!"小山串珠般的说,毫没注意王德的问题。

朋友到交的熟了以后,即使有一些讨厌,也彼此能原谅,王德不喜欢听小山这套话,然而"参谋次长"与"桂花翅子"两名词,觉得陪衬的非常恰当,于是因修辞之妙,而忘了讨厌之实。

"大生!你有新闻稿子没有?"小山没等王德说话,又这样问。

"没有!"

"快写几条,不然今天填不上版!"

"我真没有可写的!"

"随便写:城北王老太婆由洋车摔下来,只擦破手掌上一块皮;一辆汽车碰在一株老树上,并没伤人。……谁能刨根问底的要证据。快去写,不然是个塌台!"小山很急切的,似乎对于他的职务非常负责。

"造谣生事,我不能作!"王德真不高兴了!

"得了!大生!捧我一场!造谣生事是我一个人的罪,与你无干,你只是得帮帮好朋友!"小山不住的向王德垂着手鞠躬。瘦瘦的身子往前弯着,像一条下完卵的小母黄花鱼。

好话是叫好人作恶的最妙工具,小山要强迫王德,王德许和小山宣战!然而小山央告王德,什么事再比拒绝别人央告难过?于是王德无法,写了半天,只能无中生有的写了三条。小山看了,不住的夸奖,尤其关于中央公园的一条,特别说好。他拿着笔一一的加以题目,那条关于中央公园的事,他加上一个:

"游公园恰遇女妖,过水榭巧逢山怪。"

听说因为这个题目,那天的报纸多卖了五百多张。当然那天的卖报的小孩子吆喝着:"看看公园的老妖!"

"人们买报原来是看谣言!"王德把妇女问题搁下,又想到新闻纸上来。"到底是报馆的错处呢,还是人们有爱看这种新闻的要求呢?"

王德越想越不高兴,有心辞职不干,继而想到李静告诉过他,凡事应当忍耐,又把心头的怒气往下压。……她的话,她是要作玩物的……不足信!

王德担着一切好青年所应有的烦闷,作完了工,无精失采的进城。

第三十三

"凤姑娘！凤姑娘！"赵四低着头,眼睛看着自己的脚面,两只手直挺挺的贴在身边,叫一声凤姑娘,肘部向外部一动。

"四哥,有事吗?"龙凤问。

"凤姑娘！凤姑娘！"

"请说呀。"龙凤笑了。

"我说,可是说实话!"

"不听实话可听什么?"

"说实话,有时候真挨打!"

"我不能打你罢?"

"那么,我要说啦!"赵四咽了一口唾沫,自己对自己说:"娘的,见姑娘说不出话来!"

他以为龙凤听不见,其实她是故意装耳聋。

"四哥,咱们到屋里坐下说好不好?"龙凤就要往屋里走。

"不！不！拉洋车的跑着比走着说的顺溜,立着比坐着说的有劲！姑娘你要愿意听,还是站在这里说,不然我说不明白!"

"好！四哥请说!"她又笑了一笑。

这时候才过元宵节,北风已不似冬天那么刺骨的冷。淡淡的阳光射在北窗上,她才把两盆开的正好的水仙花,放在窗台上吸些阳光。她一面不住的闻那水仙的香味,一面听赵四说话。

"姑娘,你认识城外的老张?"赵四乘着她闻水仙花,看了她一眼,又快快的把眼光收回到自己的脚上。

"我知道他,他怎样?"

"他,他不是要买你当那不是姑娘们应当当的铛铛吗?"

"四哥!什么是铛铛?"

"巡警管我叫铛铛,我不明白什么意思,所以用他来说一切不好的事。姑娘你聪明,大概明白我的意思!"

"啊——我明白了!"龙凤呆呆的看着水仙花,被风吹的那些花瓣一片一片的颤动,射散着清香。

"要是明白了,不想办法,那么明白他作什么?"

"四哥!你有办法吗?"

"有是有,只是不好出口,你们妇人不许男人说直话!"

"你拿我当作男人,或是当作我没在这里,随便说!"

"好!听着!"赵四把手活动起来,指手画脚的说:"是这一件事,孙八要买你作小媳妇,老张从中弄鬼!"赵四停住了,干嗽了两声。

"四哥,说!我不怪你!"龙凤急切的说。

"都是老张的主意,卖了你,好叫你父亲还清他的债。李应告诉我说,你父亲有意把你许给李应,而李应迟疑不决,向我要主意!你父亲的心意我一点不知道,我以为你和李应该早早的定规一切,别落于老张的手里!你看李应怎样?"

赵四脸红的像火烧云,看着她。奇怪,她不着急,只轻轻的摆弄她的裙缝。"到底女人另有个脾气,我要是她,不拿大刀去杀老张,我是个王八!"赵四心里这样说。

"四哥,我不拒绝李应,这是现在我能告诉你的,别的等我想想,四哥,我谢谢你!"

"好说!我走罢!你自己想想!"赵四往外走,高兴异常,今天居然跟个大姑娘说了一套痛快话!

赵四走后,龙凤坐在台阶上,听着微风吹动窗上的纸,墙头小猫撒着娇嫩而细长的啼唤,看着自己的手指,有时候放在口边咬一下指甲,一些主意想不出。坐了半天有意无意的立起来,把两盆水仙搬进屋去。顺手捡起一条灰色围巾披在肩头,到教会去找李应。

李应自从和赵四商议以后,心里像有一块硬而凉的大石头,七上八下的滚。他不喜说话,尤其不喜叫别人看破他的心事;可是有时候手里拿着铅笔,却问别人:"我的铅笔"?有时候告诉别人:"我要上东城",却说成:"东城是西城不是"!旁人笑了,他也笑了,跟着一阵脸红,心里针刺似的难过。

他正在预备拿《圣经》到市场去卖,数了几次也没数清拿的是多少本。忽然赵四扶着他的肩头,低声的说:"凤姑娘在外面等着你!"

李应夹着《圣经》和龙凤往北走,谁也不知往哪里走,也不问往哪里走。

走到了城北的净业湖,两个人找了一块大青石坐下。

没有什么行人,桥上只有一个巡警走来走去,把佩刀的链子摆的哗啷哗啷响。湖内冻着厚冰,几个小孩穿着冰鞋笑笑嘻嘻的溜冰。两岸的枯柳一左一右的摇动着长枝,像要躲开那严酷的寒风似的。靠岸的冰块夹着割剩下的黄枯苇,不断的小麻雀捉住苇干,一起一伏的摆动他们的小尾巴。太阳已往西去,罩着一层淡黄的雾,斜射着银灰的冰块,连成一片寒气。那小孩的疾驰,那小麻雀的飞落,好像几个梭儿,在有忧思的人们眼前织成一个愁网。

两个人坐了一刻,又立起来沿着湖边走几步,因为桥上的巡警不住的用侦探式的眼光射着他与她。

"凤姐!"李应先说了话:"这光洁的冰块顶好作个棺材盖上我的臭皮骨!"

龙凤叹了一口气,把围巾紧了一紧,回头看着那恋恋不忍辞去大地的斜阳。

他们又不说了,忽然两个人的中间,插入两只大手,捉着他们的手腕。两个人惊的都把头向中间转过来,那两只大手松开了,后面哈哈的笑起来。

"四哥!别这么闹!"李应半怒的说。

"好兄弟!吓死,不比盖上大冰块痛快!"

三个人又坐下,那桥上的巡警走过来。

"警爷!"赵四说:"我们是救世军出来卖《圣经》的,拿我们当拐带妇女看,可是小鹞子拿刺猬,错睁了眼!"

龙凤怕巡警怒了,赶快立起来向巡警解说,并且把李应拿着的《圣经》给他看。巡警握着刀柄,皮鞋擦着地皮慢慢的走开。

"四哥!"龙凤对赵四说:"你怎么对巡警那么说话,他要是怒了呢!"

"发怒!警爷永远不会!他们是软的欺,硬的怕,你不拍他,他就麻你!他们不管阔人街上拉屎,单管穷人家里烧香!不用说这个,你们两个到底怎样!"

"只有一条路,死!"李应说。

"不准说死,死了再想活可就太难了!跑!跑是好的法子!"

"往那里跑,怎么跑,有跑的钱没有!"龙凤问。

"去求龙军官,你父亲!你们要跑,他定有主意,他能甘心卖你——他的亲女儿——吗?"

"我不能跑,我跑了我的姐姐怎办?"李应问。

赵四手捧着头,想了半天,立起来一阵风似的向南跑去,跑出好远,回头说了一声:

"明天会上见!"

第三十四

赵四自己刮了一阵风,激烈而慌促的把自己吹到李应姑母的家。风要是四方相激,往往成裹着恶鬼的旋风。人要是慌急,从心里提出一股热气,也似旋风似的乱舞。于是赵四在门外耍开了旋风。赵姑母门上的黑白脸的门神,虽然他的灵应,有些含糊其词,可是全身武装到底有些威风。赵四看了他们一眼,上前握定门环在门神的腮上当当的打起来,打的门神干生气一声也不言语。

"慢打!慢打!"赵姑母嚷:"报丧的也不至这么急啊!"

赵姑母看见赵四的服装,心里有些发慌,怕赵四是明伙强盗。赵四看见她也慌了:少年妇女是花枝招展的可怕,老年妇女是红眼皱皮的可怕。不论怎样,反正见妇女不好说话!

"找谁?说!"

"老太太,这里有一位小老太太姓李的吗?"赵四又冒着不怕三冬冷气,永像灶上蒸锅似的热汗。

"胡说!我的侄女是大姑娘!什么小老太太!啊!"

"'老太太'不是比'大姑娘'尊贵?我是谦恭!"

"你是那里来的野小子,你给我走。不然,我叫巡警,拿你到衙门去!"老妇人一抖手,把街门邦的一声关上,一边唠叨,一边往里走。

赵四不灰心,坐在石阶上等着,万一李静出来呢?

太阳已经落下去,一阵阵的冷风吹来的炒栗子的香味,引的赵四有些饿的慌。不走!坚持到底!院里炒菜的响声,妇女的说话,听的真真的,只是她不出来。

黑影里匆匆的走过一个人来,一脚踹在赵四身上。

"什么?"

"什么!肉台阶比地毡还柔软!"

"四哥?"

"是那一块!"

"在这里干什么?"

"等挨骂!"

"不用说,我姑母得罪了你。她老人家说话有时候不受听,四哥别计较!"

"谁计较她,谁是儿子!告诉我,你和她商议出什么没有?"

"不能有结果,我不能放下我姐姐不管!"

"好小子!你能把你姐姐叫出来不能?"

"四哥!你太是好人了,不过你想的不周到。姑母在家,我如何能把她叫出来!"

"改日你能不能叫我见见她?"

"那倒可以,等我和姑母说,我领她去逛公园,我们可以见面谈一谈!"

"好!就这么办!一定!"赵四说完,走上台阶摸了摸门环,自己说了一句"没打坏"!

"四哥!你吃了饭没有?"李应问。

"没有!"

"有饭钱没有？"

"没有！"

"我这里有些零钱，四哥你拿去买些东西吃！"李应掏出一张二十铜元的钱票。

赵四没等李应递给那张钱票，扯开大步一溜烟的跑去。李应赶了几步，如何赶得上赵四！

"兄弟！咱是给别人钱的，不是求钱的！明天见！"赵四跑远，回头向李应说。

赵四跑回教会，才上台阶，后面一个人拍了他的脊背一下。

"借光！"那个人说："这里有位李应吗？"

"有！"赵四回答。

"你和他熟识？"

"我的朋友！"

"好！朋友初次见面，赏个脸，咱们到饭馆吃点东西，我有话和你说。"那个人笑嘻嘻的说。

"有话这里也可以说，不必饭馆！"

"这么着，"那个人掏出一块钱来。"你自己爱买什么买什么，这块钱是你的！"

"你要问我什么，问！要是拿钱晃我，我可是脸急！"

"奇怪！穷人会不爱钱！那有的事！这是梦中罢？"赵四真把那个人闹迷惑了！

"我问你，"那个人低声含笑，抿着嘴笑，像妓女似的抿着嘴笑。拍着赵四的肩头，亲热的问："朋友！李应有个姐姐？"

"有！怎样？"

"她定了婚没有?"

"不知道!"

"她长的怎样?"

"你问她的模样干吗?"

"听说她很美。朋友!不瞒你说,我打算下腿!你要是能帮我的忙,朋友,咱家里还真有些金钱,不能叫你白跑!"那个人又把那块洋钱掏出来,往赵四手中放。

赵四本来与那个人平立在阶石上,赵四往上站了一站,匀好了距离,把拳头照准了那个人的脖下就是一拳。那个人"哟"了一声,滚下台阶去。赵四一语不发走进教会。第二天早晨他起来打扫门外,见阶下有几块蓝色的碎玻璃。"这是那小子的眼镜!"赵四说完,笑了一阵。

第三十五

李应请求姑母允许他同李静去逛公园。姑母已有允意，而李静不肯去。因为李静已与她姑母商定一切，李静主张是：宁可嫁老张不叫叔父死；对于王德，只好牺牲。赵姑母的意见是：儿女不能有丝毫的自私，所谓儿女的爱情就是对于父母尽责。李静不能嫁王德，因为他们现在住在一处，何况又住在自己的家里。设若结婚，人家一定说他们是"先有后嫁"，是谓有辱家风。老张虽老丑，可是嫁汉之目的，本在穿衣吃饭，此外复何求！况且嫁老张可以救活叔父，载之史传，足以不朽！……

有我们孔夫子活着，对于赵姑母也要说："贤哉妇人！"我们周公在赵姑母的梦里也得伸出大指夸道："贤哉赵姑母！"何况李静！

李静要是和王德逃跑了，不但她，就是他也不用再想在我们礼教之邦活着了。与其入张氏地狱（在第十八层地狱的西南边），受老张一个人的虐待，还比受社会上人人的指骂强！她是入过学堂的，似乎明白一些道理，新道理；新道理自然是打破旧礼教的大炮。可是她入的是礼教之邦的学堂，念国文，地理，已经是洪水猛兽般可怕，还于国文，地理之外讲新道理？果然她于国文，地理之外而明白一些新事新理，以至于大胆的和王德跑了，那新教育的死刑早已宣告，就是国文，地理也没地方去念了！幸而李静聪明，对于国文，地理而外，一点别的也不求知；幸而礼教之邦的教育家明白大体，除了国文，地理等教科书外，一点有违大道的事情也不教！

洋人化的中国人说，李静之下地狱，是新教育被赵姑母战败的证据。不对！新教育何曾向赵姑母摆过阵！

赵姑母亲自见了老张，立了婚约，换回她兄弟的借券。她心里欢喜异常，一块石头可落了地！儿女大事，作长辈的算尽了责。

赵姑母又顺便去看王德的母亲，因为李静的叔父与王德的父亲曾商议过他们儿女的婚事。两位老妇人见面，谈的哭完了笑，笑完了哭，好不亲热！赵姑母怨自己管束李静不严；王老太太怪自己的儿子没出息，主张赶快给王德定个乡下姑娘以收敛他的野性。王太太留赵太太吃晚饭，赵太太一唱三叹的伤世道不良，男女乱闹。王太太旁征博引，为赵太太的理论下注解与佐证。越说越投缘，越亲热，不由的当时两位太太拜为干姊妹。赵姐姐临走，王妹妹无以为赠，狠心的把预备孵鸡的大黄油鸡卵送给赵姐姐十个。赵姐姐谦谢不遑，从衣袋中掏出戴了三十二年的一个银指箍作为回敬。这样难舍难分的洒泪而别。

王德的父亲经他夫人的教训，自己也笑自己的荒唐，于是再也不到李老人那里去。赵姑父依旧笑着向李静说："姑娘！可有婆婆家了！"

老张得意极了！脸仰的更高了，笑的时候更少了，——因为高兴！

喜到皆双！老张又代理北郊自治会会长了！因为老张强

迫龙树古给孙八正式的婚书,龙树古甘心把会长叫老张代理,以备正式辞职后,老张可以实任。而老张也真的答应龙树古的要求。

"凡公事之有纳入私事范围内之可能者,以私事对待之。"这是老张的政治哲学。

喜到皆三!老张院中的杏树,开了几朵并蒂花。老张乐的居然写了一首七言绝句:

"每年累万结红杏,今岁花开竟孪生。设若啼莺枝上跳,砖头打去不留情!"

老张喜极了,也忙极了。光阴不管人们的事,一个劲低着头往前走,老张甚至于觉得时间不够用了,于是请教员,自己不能兼顾校务了。

春暖花开,妙峰山,莲花顶,卧佛寺……照例的香会热闹起来。褚大求老张写传单,以示对于金顶娘娘的信诚。于是老张在褚大拿来的黄毛边纸上,除了"妙峰山,金顶娘娘真灵。信士褚大虔诚"之外,又加了两句,"德胜汛官商小学聘请教员,薪资面议。"褚大看了看纸上那么多字,心里说:"越多越讨娘娘的欢心!"于是千谢万谢的拿到街上黏贴。

自广告黏出去以后,十来个师范毕业生,因为不认识学务委员和有势力的校长而找不到事作,来到老张那里磋商条件,有的希望过奢,条件议不妥;有的真热心服务不计较金钱,可是不忍看学生们那样受罪,于是教了三天告辞回家。最后一位先生来自山东算是留长远了。老张送给那位先生一年三十块钱。旷工一天扣洋二角。

第三十六

校长解决,老张去找孙八商议一切。

"张老师又来了!爹爹!"小三在院内喊。孙八正在屋里盘算喜事的花费忙着迎出老张来。两个人到屋内坐下,孙八叫小三去沏茶。

"八爷预备的怎样?有用我的地方告诉我,别客气!"

"多辛苦!预备的差不多,只剩讲轿子,定饭庄子。"

"怎样讲轿子?"

"花红轿看着眼亮啊!"

"我知道用马车文明!"

小三一溜歪斜的提着一把大茶壶,小四拿着两个茶碗,两个一对一句的喊着:"一二一"进来。老张孙八停住说话,等小三把茶倒好,孙八给了一人一个铜子。"快去,买落花生吃,不叫不准进来!"

"好!吃完了再进来!"两个孩子跑出去。

"马车文明?万一马惊了把新娘摔下来,怎么办?怎么办?"孙八真心疼媳妇!

"马就不会惊,就是惊了,和车行打官司,叫他赔五百元钱,顺手又发一笔小财!"老张的哲理,永远使孙八叹服,此为一例。

"是!就是!用马车!你说城内那个饭庄好?"

"讲款式呢,什刹海会贤堂;讲宽绰呢,后门外庆和堂。那里真敞亮,三四家同日办事也容得下。一齐办事那才叫热闹!"老张看了孙八一眼,赶快把眼光收回到茶碗上去。

"张先生!你说咱们两个一块儿办事,够多么好!"孙八自觉明敏异常,想出这么好的主意。

"一块凑热闹好极了,只是我的亲友少,你的多,未免叫旁人说我沾你的光。"老张轻轻摇着头。

"好朋友有什么占便宜不占!你朋友少,我的多,各自预备各自的酒席!谁也不吃亏!"人逢喜事精神爽,孙八现在脑子多么清晰,好似一朵才被春风吻破的花那样明润。

"要不这么着,你预备晚饭,我的早饭,早晨自然来的人少,可是啊,万一来的多,我老张也决不含糊。如此省得分三论两的算人数,你看怎样?"

"就是!就是!我的晚顿!你去定菜,我听一笔账!我是又傻又懒,你多辛苦!"孙八向老张作了一个半截揖,老张深深的还了一鞠躬。

"马车,饭庄我去定,到底那一天办事?"

"那是你的事,合婚择日你在行,我一窍不通!"孙八笑着说,自觉话说的俏皮。

"据我看,四月二十七既是吉日,又是礼拜天。你知道礼拜天人人有'饭约',很少的特意吃咱们。可是他们还不能不来,因为礼拜天多数人不上衙门办事,无可借口不到。八爷你说是不是?"

"就是!可有一层,亲友不吃我,我不痛快!娶你八嫂的时候,我记得一共宰了三九二十七个大肥猪。我姥姥的外甥媳妇的干女儿还吃了我半个多月!"

"八爷，你要晓得，这是文明事，与旧礼完全不同啊！"

"是吗？就是！"

"甚至于请人我也有新办法！"

"既然一事新，为什么不来个万事新？古人说：'狗日新，又日新。'① 狗还维新，而况人乎！"孙八得意极了，用了一句书上的话。

"是啊！八爷你算对了！我想，我们要是普请亲友，既费饭又费话，因为三姥姥五姨儿专好说不三不四的话；听着呢，真生闷气，不听呢，就是吵子。不如给他个挑选着请！"

"怎样挑着请？"

"你听着呀，我们专请有妾的亲友，凡有一位夫人的概不招待。而且有妾的到那天全要携妾出席，你看那有趣没有！一来，是有妾的就有些身分，我们有志入政界，自然不能不拉拢有身分的人；二来，凡有妾的人多少总懂得些风流事，决不会乱挑眼，耍顽固。咱们越新，他们越得夸咱们文明，风流，有身分！八爷是不是？"老张慢慢的呷了一口茶。

"错是不错，可是那里去找那么多有妾的人呢？"孙八问。

"你老往死葫芦里想，现在维新的事不必认识才有来往！不管相识不相识，可以被请也可以请人。如此，我们把各城自治会的会员录找出来，打听有妾的，自然也是有身分的，送出二百张红帖，还愁没人来！再说，咱们给他们帖，就是他们不来，到底心目中有了咱们两个。他们管保说：'看这

---

① "狗日新，又日新"，《大学》中"苟日新，日日新，又日新"句，是天天进步的意思。这里把"苟"改为"狗"，成为讽刺语。

两个讲自治的，多么讲交情，好体面，有身分！'八爷！我替你说了罢：'就是！张先生！多辛苦！'"

老张把薄嘴片轻轻的往上下翻，哧哧的低声笑，孙八遮着嘴笑的面色通红。

两个笑了一阵，孙八低下头去想老张说的一切话。……说的真对，老张是个人材！

"只有一件事我不放心，张先生！"孙八很害羞的说："到底老龙不写婚书是什么心意，没婚书拿什么作凭据？我并不是有心挤兑你！"

"八爷！事情交给我，有错你踢我走！你看这里！"老张掏出一张纸来。"这是我的婚约，你拿着！龙家的姑娘娶不到，我老张的小媳妇归你！"老张把那张纸放在孙八的怀里。

"不是这样说，"孙八脸羞的像个六月的大海茄，迟迟钝钝的说："我是太小心，决不是疑惑你办事不可靠！我不能拿你这张婚书！"

"八爷！事情往实在里办，"老张更激昂起来："你拿着！什么话呢，万一有些差错，我宁可叫把送殡的埋在坟地里，也不能对不起人！"他把那张纸强塞在孙八的衣袋里。

孙八左右为难，只一个劲的摆手。……到底老张战胜，然后笑着说："可是这么着，你要是把我的婚书丢失了，咱老张到手的鸭子可又飞了！不用说姑娘的身价多少，婚书上的印花税票就是四角！"

老张又坐了半天，把已定的事，一一从新估计一番。诸事妥协，老张告辞回家。

"八爷！我们就彼此不用送请帖了？"老张出了大门对孙八说。

"自然不必!"孙八说。

....

老张后来发的请帖是:

"……下午四时,谨备晚餐。"

第三十七

李静把眼睛哭的红红的,脸上消瘦了许多。"死"是万难下决心的,虽然不断的想到那条路上去。"希望"是处于万难之境还不能铲净的,万一有些转机呢!"绝望"与"希望"把一朵鲜花似的心揉碎,只有簌簌的泪欲洗净心中的郁闷而不得!更难过的,她在姑母面前还要显出笑容,而姑母点头咂嘴的说:"好孩子,人生大事,是该如此的!"

赵姑母为防范王德,告诉李应叫王德搬出去。王德明白赵姑母的用心,李静也明白,于是两个青年一语未交的分别了!

王德和蓝小山商议,可否暂时搬进报馆里,小山慨然应允,把自己的职务匀给王德不少。王德把东西收拾收拾,谢了赵姑母,然后雇了一辆骡车出门。李应只对王德说了一声"再见",李静甚至没出来和他说半句话。而他们姊弟的泪落了多少是不可计算的。

王德到报馆,正赶上是发薪水的时候;当差的递给他一个信封,里面依旧是十块钱,并没有投稿的赠金。要是在平日,王德一毫也不计较,今天一肚子牢骚无处发泄,于是不能自止的去找主笔。

"投稿没有报酬吗?"王德气昂昂的问。

"你什么时候投过稿?"主笔问。

"蓝小山知道我投稿不是一次!"

"小孩子!十块钱就不少!不愿意干,走!八块钱,六块,四块我也使人,不是非你不成啊!"

"我不干啦!"

"走!不少你这么一位!"

铺长对徒弟,县长对人民,部长对僚属,本来都应当像父亲对儿子,——中国式的父亲对中国式的儿子。——王德不明白这个,可怜!

王德定了一定神,把还没有打开的行李又搬出来,雇了两辆人力车到打磨厂找了一个小客寓暂住。

…………

李应呢?他看着王德的车走没有了影,还在门外立着。他与王德相处已经十多年,他不能离开王德!他还要忍住眼泪去安慰他姐姐,眼泪是多么难忍住的!他进到北屋去,赵姑母心里像去了一块病似的,正和颜悦色的劝解李静。李静现在已一个泪珠没有,呆呆的坐着,李应也无话可说,又走出来。

往那里走?每天出入的钟点都要告诉王德的,今天?……找王德去!

他失魂丧魄的走到王德的报馆。他一看见报馆的门,心里就痛快多了!因为那个门里有他的最好的朋友!

他进了报馆的大门,立在号房外问了一声"王德在里边没有?"

"才搬出去,辞工不干了。"号房内的人这样的回答。

"搬到那里去?"

"不晓得!"

"为什么辞工?"

"不知道!"

"他往东城还是西城去?"

没有回答了!

李应的心凉了!他知道王德的性情,知道他与李静的关系,知道……然而没有方法把已成不治的局面转换过来!他自己?没有本事挣钱救出叔父,没有决心去杀老张,没有朋友给他出一些主意,不用说出力。赵四?勇而无谋,李应自信的心比信赵四深!龙凤?自救不暇,那能再把一位知心的女友拉到陷坑去!

人们当危患临头的时候,往往反想到极不要紧或玄妙的地方去,要跳河自尽的对着水不但哭,也笑,而且有时向水问:宇宙是什么?生命是什么?自然他问什么也得不到自救的方法,可是他还疯了似的非问不可;于是那自问自答的结果,更坚定了他要死的心。

李应在报馆外直立了一顿饭的工夫,才想起放开步往别处走。一步一个血印,一步一个念头;什么念头也有,除了自救!

他身不由己的进了中华门。身不由己的坐在路旁一块大青石上。绿茸茸的树叶左右的摆动,从树叶的隙空,透过那和暖的阳光。左右的深红色的大墙,在日光下射出紫的光线,和绿阴接成一片藕和色的阴影,好像一张美术家的作品。李应两手托着双腮,一串串的眼泪从指缝间往下落,落在那柔嫩的绿苔上，像清晨的露珠。

找王德去？哪里？看叔父去，有什么用？去杀老张？耶稣的教训是不杀人的！听赵四的话和龙凤跑？往哪里跑？怎样跑？什么是生命？世界？……没有答案！向来没有！……

跑！跑！自己跑！太自私了！不自私怎样？太忍心了！怎样不？人们骂我！谁又帮助我？……

…………

他走到教会去收拾在那里放着的一些东西。匆匆的收拾好夹在腋下走出来。一步懒似一步的下教堂石阶，好像石阶吸引着他的脚，而且像有些微细的声音在他耳边："走吗？你走吗？……"

他下了石阶，依依不舍的回着头看教会的红栏杆，像血一般的红，直射到他心的深处。

远远的她来了！他的血沸腾起来，可是他躲在一株大树后。龙凤并没进教会，匆匆的在马路旁边往前走。他由树后探出头来，看她的后影。她的黑裙，她的灰色袍，依旧是一团朴美裹着她一点一点往前移动，一步一步的离远了他。五尺，四尺，三尺……她渐渐的变成一团灰色的影，灭没在四围的空气中，好像一团飞动的纸灰？她上那里？她是不是想看我？……不能管了！我只是自私！只是懦弱！上帝知道我！

…………

第三十八

王德虽是农家出身，身体并不十分强壮。他自幼没作过什么苦工，在老张的学堂里除了圣经贤传乱念一气，又无所谓体操与运动，所以他的面貌身量看着很体面魁梧，其实一些力气没有。

现在他不要什么完善的计划了，是要能摔能打而上阵争锋了。现在不是打开书本讲"子曰"或"然而"了，而是五十斤的一块石头举得起举不起的问题了。于是他在打磨厂中间真正老老王麻子那里买了一把价值一元五角的小刺刀。天天到天桥，土地庙去看耍大刀舞花枪的把戏；暗中记了一些前遮后挡，钩挑拨刺的招数。这是他军事上的预备。

他给蓝小山写了几封信，要他存在银行的那几块钱。而小山并未作复。王德又亲自到报馆去找蓝先生几次，看门的不等他开口，就说："蓝先生出门了！"

"他一定是忙，"王德想："不然，那能故意不见我，好朋友，几块钱的事；况且他是富家出身？……"

到底蓝先生的真意何在，除了王德这样往好的方面猜以外，没有人知道。

不论怎样，王德的钱算丢失了。——名士花了，有可原谅！

"媳妇丢了！吾不要了！钱？钱算什么！"王德又恢复了

他的滑稽，专等冲锋；人们在枪林弹雨之中不但不畏缩而且是疯了似的笑。

四月二十六的夜间，王德卧在床上闭不上眼。窗外阵阵的细雨，打的院中的树叶簌簌的响。一缕缕的凉风和着被雨点击碎的土气从窗缝潜潜的吹进来。他睡不着，起来，把薄棉被围在身上，点上洋烛，哧哧的用手巾擦那把小刺刀。渐渐的头往下低，眼皮往一处凑；恍惚父亲在雪地里焚香迎神，忽然李静手里拿一朵鲜红的芍药花，忽然蓝小山穿着一件宝蓝色的道衣念咒求雨，……身子倒在床上，醒了！嘴里又黏又苦，鼻孔一阵阵的发辣，一切的幻影全都逃走，只觉的脑子空了一般的隐隐发痛。一跳一跳的烛光，映着那把光亮的刺刀，再擦！……

天明了！口也没漱，脸也没洗，把刺刀放在怀内往城里走。街上的电灯还没灭，灯罩上悬着些雨水珠，一闪一闪的像愁人的泪眼。地上潮阴阴的，只印着一些赶着城门进来的猪羊的蹄痕，显出大地上并不是没有生物。有！多着呢！

到了庆和堂的门外，两扇红漆大门还关着。红日渐渐的上来，暖和的阳光射在不曾睡觉的人的脸上，他有些发困。回去睡？不！死等！他走过街东，走一会儿，在路旁的石桩上坐一会儿，不住的摸胸间的那把刺刀！

九点钟了！庆和堂的大门开了，两个小徒弟打扫台阶过道。王德自己点了点头。

三四辆马车赶到庆和堂的门外，其中两辆是围着彩绸的。慢慢的围上了十几人说："又是文明结婚！……"

几个唱喜歌的开始运转喉咙：

"一进门来喜气冲,鸳鸯福禄喜相逢,……"

王德看着,听着,心里刀尖刺着!

"走开!走开!不给钱!这是文明事!"老张的声音,不错!后面跟着孙八。

王德摸了摸刀,影在人群里。"叫他多活一会儿罢!明人不作暗事,等人们到齐,一手捉他,一面宣布他的罪状!"他这样想,于是忍住怒气,呆呆的看着他们。

老张穿一件灰色绸夹袍,一件青缎马褂,全是天桥衣棚的过手货。一双新缎鞋,确是新买的。头上一顶青色小帽配着红色线结,前沿镶着一块蓝色假宝石。

孙八是一件天蓝华丝葛夹袍,罩着银灰带闪的洋绸马褂。藕合色的绸裤,足下一双青缎官靴。头上一顶巴拿马软沿的草帽。

老张把唱喜歌的赶跑,同孙八左右的检视那几辆马车。

"我说,赶车的!"老张发了怒。"我定的是蓝漆,德国蓝漆的轿式车,怎么给我黑的?看我老实不懂眼是怎着?"

"是啊!谁也不是瞎子!"孙八接着说,也接着发了怒。

"先生!实在没法子!正赶上忙,实在匀不开!掌柜的抽了自己几个嘴巴,当我们赶出这辆车来的时候。得啦!谁叫先生们是老照顾主呢!"赶车的连说带笑的央告。

"这还算人话!扣你们两块钱!"老张仰着头摇摆着进了大门。

"扣你们两块钱!"孙八也扭进去。

老张的请帖写着预备晚餐,当然他的亲友早晨不来。可是孙八的亲友,虽然不多,来了十几位。老张一面心中诅咒,一面张罗茶水,灌饿了还不跑吗!倒是孙八出主意摆饭,老张异常不高兴,虽然只摆了两桌!

李山东管账,老早的就来了。头一桌他就坐下,直吃的海阔天空,还命令茶房添汤换饭。

南飞生到了,满面羞惭自己没有妾。可是他与自治界的人们熟识,老张不能不请他作招待。老张很不满意南飞生,并不是因为他无妾可携,是因为他送给老张一幅喜联,而送给孙八一块红呢喜幛。喜联有什么用!岂有此理!

从庆和堂到旧鼓楼大街救世军龙宅不远,到护国寺李静的姑母家也不远。所以直到正午还没去迎亲。王德和赶车的打听明白,下午两点发车,大概三点以前就可以回来。

亲友来的渐多,真的多数领着妾。有的才十四五岁,扶着两个老妈一扭一扭的娇笑;有的装作女学生的样子,可是眼睛不往直里看,永远向左右溜;有的是女伶出身,穿着黄天霸的彩靴,梳着大松辫,用扇子遮着脸唧唧的往外挤笑声。……

大厅上热闹非常,男的们彼此嘲笑,女的们挤眉弄眼的犯小心眼。孙八脸红红的学着说俏皮话,自己先笑,别人不解可笑之处在哪里。

一阵喧笑,男男女女全走出来,看着发车。女的们争着上车迎亲,经南飞生的支配,选了两个不到十五岁而作妾的捧着鲜花分头上了车。赶车的把鞭儿轻扬,花车像一团彩霞似的缓缓的上了马路。

第三十九

赵姑母的眼泪不从一处流起,从半夜到现在,已经哭湿十几条小手巾。嘱咐李静怎样伺候丈夫,怎样服从丈夫的话,怎样管理家务,……顺着她那部"妈妈百科大全书"从头至尾的传授给李静,李静话也不说,只用力睁自己的眼睛,好像要看什么而看不清楚似的。

赵姑母把新衣服一件一件给李静穿,李静的手足像垂死的一样,由着姑母搬来搬去。衣服穿好,又从新梳头擦粉。(已经是第三次,赵姑母唯恐梳的头不时兴。)

"好孩子!啊!宝贝!就是听人家的话呀!别使小性!"赵姑母一面给侄女梳头,一面说。"这是正事,作姑母的能有心害你吗!有吃有穿,就是你的造化。他老一点,老的可懂的心疼姑娘不是!嫁个年青的楞小子,一天打骂到晚,姑母不能看着你受那个罪!"赵姑母越说越心疼侄女,鼻涕像开了闸似的往下流,想到自己故去的兄嫂,更觉得侄女的可怜,以至于哭的不能再说话。

马车到了,街上站满了人。姑母把侄女搀上马车。脸上雪白,哭的泪人似的。两旁立着的妇人,被赵姑母感动的也全用手抹着泪。

"这样的姑母,世上少有啊!"一个年老的妇人点着头说。

"女学生居然听姑母的话嫁人,是个可疼的孩子!"一个秃着脑瓢,带着一张马尾发网的妇人说。

"看看人家!大马车坐着!跟人家学!"一个小媳妇对一个八九岁的小女孩急切的说。

"哼!大马车?花红轿比这个体面!"一个没牙的老太太把嘴唇撇的像小驴儿似的。

李静上了车,或者说入了笼。那个迎亲的小媳妇,不到十五岁而作妾的那个,笑着低声的问:"今年十几?"李静没有回答。那个小媳妇又问:"是唱戏的,还是作暗事的?"李静没有回答。

马车周围遮着红绸,看不见外面,而听得到街上一切的声音。街上来往的人们,左一句,右一句:"看!文明结婚!"车后面一群小孩子,学着文明结婚用的军乐队,哼哼唧唧学吹喇叭。

李静几日的闷郁和心火被车一摇动,心里发慌,大汗珠从鬓角往下流,支持不住自己的身子,把头挣了挣,结果向车背碰了去。还算万幸,车背只有一小块极厚的玻璃砖。那个小媳妇也慌了,她问:"怎么啦?怎么啦?"李静闭着眼,心中还明白,只是不回答。那个小媳妇把李静的腰搂住,使她不致再倒下去。如此,恍恍惚惚的到了庆和堂。人们把红毡放在地下,两个女的从车上往下搀李静。车里的那个小媳妇低声而郑重的说:"搀住了!她昏过去了!"看热闹的挤热羊似的争着看新娘,身量小的看不见,问前面的:"长的怎样?"前面的答:"别瞎操心!长的比你强!"

李静听着那两个妇人把她扶进去,由着她们把她放在一把椅子上,她像临刑的一个囚犯,挣扎着生命的末一刻。孙八着了慌,催老张去拿白糖水,万应锭,而老张只一味的笑。

"不用慌,这是妇女的通病。"老张笑着对孙八说,然后又对李静说:"我说,别装着玩儿呀!老张花钱娶活的,可不要死鬼!"他哈哈的笑了一阵,好似半夜的枭啼。又向众人说:"诸位!过来赏识赏识,咱们比比谁的鸟儿漂亮!"

老张这样说着,孙八拿着一壶热水,四下里找茶碗,要给李静沏糖水。他上了大厅的第一层石阶,觉得背上被人推了一把,手中的水壶洒出许多热水。他回过头来看,立在后面的那个人,正四下看,像要找谁似的。孙八登时认清了那个人,跟着喊出来:

"诸位!把他拦住!"

众人正在大厅内端详李静,听孙八喊,赶快的全回过头来:那个人拿着刀!男人们闭住了气,女人们拔起小脚一逗一逗的往大厅的套间跑。本来中国男女是爱和平而不喜战争的。

老张眼快,早认出王德,而王德也看见老张。两个人的眼光对到一点,老张搬起一把椅子就往外扔,王德闪过那张飞椅,两手握着刺刀的柄扑过老张去,老张往后退,把脚一点不客气的踏着那妇女们小尖蹄。妇女们一阵尖苦的叫喊,更提醒了老张,索兴倒退着,一手握着一个妇人当他的肉盾。

孙八乘王德的眼神注在屋内,猛的由上面一压王德的手腕,王德疯虎一般的往外夺手。众人们见孙八已经拿住王德的刀柄,立刻勇武百倍,七手八脚把王德拉倒。

"小子!拿刀吓唬人吗!"老张把王德的刀拾起来,指着王德说。

"诸位！放开我！"王德瞪圆了眼睛，用力争夺，结果，众人更握紧了他一些。

"别松手，我就怕流血！"孙八向大众喊。

"诸位！老张放阎王账，强迫债主用女儿折债。他也算人吗！"王德喊。

"放阎王债？别和我借呀！娶妾？咱老张有这个福分！"老张搬起李静的脸，亲了一个嘴给大家看。李静昏过去了。

"是啊！你小孩子吃什么吃不着的醋！"男女一齐的哈哈的笑起来。

孙八打算把王德交给巡警，老张不赞成，他打算把王德锁起来．晚间送到步军统领衙门，好如意的收拾他，因为在步军统领衙门老张有相识的人。孙八与老张正磋商这件事，茶房进来说：

"孙八爷的喜车回来了！"

第 四 十

"谁去搀新娘？"孙八跳起来，向那群女的问。

"八爷！"茶房说："赶车的说，没有娶来！"

"什么？"

"没有娶来！车到那里，街门锁着，院中毫无动静。和街坊打听，他们说昨天下半天还看见龙家父女，今天的事就不得而知了！"

"好！好！"孙八坐在台阶上，再也说不出话。

"孙八！傻小子！你受了老张的骗！你昏了心！"王德说完，狂笑了一阵。

孙八好像觉悟了一些，伸手在衣袋中乱掏，半天，掏出老张给他的那张婚书。

"好！好！"孙八点着头把婚书递给老张看。

亲友渐渐的往外溜，尤其妇女们脑筋明敏，全一拐一拐的往外挪小脚。只剩下李山东和孙八至近的几个朋友依旧按着王德不放手。

"傻小子！你没长着手？打！"王德笑的都难听了！

"八爷！"老张不慌不忙的从衣袋里也掏出一张纸来。"真的在这里，那张不中用！别急，慢慢的想办法！"

"好！好！"孙八只会说这么一个字。

"傻小子！打他！"王德嚷。

孙八几把把那张婚书扯碎，又坐在地上，不住的，依旧的，说："好！好！"

……………

"我说，你往哪里拉我？"

"跑到哪里是哪里，老头儿！"

"你要是这么跑，我可受不了，眼睛发晕！"

"闭上眼！老头儿！"

赵四拉着孙守备，比飞或者还快的由德胜门向庆和堂跑。

"到啦！老头儿！"赵四的汗从手上往下流，头上自不用说，把孙守备搀下车来。"往里走！我一个人的老者！"

孙守备迷迷糊糊的，轧着四方步慢慢的往里走。赵四求一个赶马车的照应他的洋车，也跟着进来。

"老头儿！看！八爷在地上坐着！我不说瞎话罢！"

孙守备可怒了！

"啊！小马！"——小马是孙八的乳名。"你敢瞒着我买人，你好大胆子！"

"小马胆子不小！"赵四说。"这里有个胆子更大的，老头儿！"赵四指着王德。

"这又是怎回事？"孙守备更莫明其妙了。

"我不是都告诉了你？这就是王德！"

"我叫小马说！"孙守备止住了赵四说话。

"对！小马你说！"赵四命令着孙八。

"叔父！我丢了脸！我这口气难忍！我娶不到媳妇，我也不能叫姓张的稳稳当当的快乐！"孙八一肚子糊涂气，见了叔父才发泄出来。

"傻小子！受了骗，不悔过，还要争锋呢！哈哈！"王德还是狂笑。

"你们放开他！"孙守备向握着王德的人们说。

"别放！他要杀人！"孙八嚷。

这时候孙八的命令是大减价了，众人把王德放开，王德又是一阵傻笑。

"姓张的，"孙守备指着老张说："你是文的，是武的？我老头子要斗一斗你这个地道土匪！"

老张微微的一笑：哲学家与土匪两名词相差够多远！

"你老人家听明白了！"老张慢慢的陈说："老龙骗了我。而不是我有意耍八爷！"

"姓龙的在哪儿哪？"孙守备问。

赵四从腰带间摸出一个信封，双手递给孙守备。

孙守备戴上花镜，双手颤着，看那封信：

"孙八先生：老张买李静全出于强迫，不但他毁了一个好女子，他也要了李静的叔父的命。你我的事全是老张的诡计，我欠他的债，所以他叫我卖女还债。先生是真正的好人，一时受了他的欺弄，我不能把我的女儿送给先生以铸成先生的大错。至于来生的千余元，可否作为暂借，容日奉偿？现在我携女潜逃，如先生慨允所请，当携女登门叩谢，并商订还款办法。至于李静，先生能否设法救她，她是个无父无母的苦女子！……
　　　　　　　　　　　　　　　龙树古启。"

孙守备看完，递给孙八，孙八结结巴巴的看了一过。

"小马！你怎样？"

"我没主意！反正我的媳妇丢了，我也不能叫姓张的娶上！"

"老人家！老祖宗！"李静跪在地上央告孙守备："发善

心救救我！老张是骗人，是强迫我叔父！我不能跟他！我不能！我作牛作马，不能嫁他！老祖宗，你救人罢！！"

她几日流不出的眼泪一气贯下来，不能再说话！

"姑娘！"孙守备受不住了，是有人心的都应当受不住！"你起来！我老命不要了，跟老张干干！"

"别这么着！老人家！"老张笑着说："咱们是父一辈子一辈的好朋友！"

"谁跟你是朋友，骂谁的始祖！"孙守备起誓。

这太难以为情了，据普通人想。可是普通人怎能比哲学家呢，老张决不介意卤莽的言语，况且占便宜的永远是被骂的，而骂人者只是痛快痛快嘴呢！

"这么着，"老张假装的脸一红；说红就红，要白就白，这是我们哲学家老张夫子的保护色。"老人家你要是打算要这个姑娘，我双手奉送，别管我花多少钱买的！"

这样一说，你还不怒，还不避嫌疑！你一怒，一怕嫌疑，还不撒手不管；你一不管，姑娘不就是我的了吗！

"你胡说！"孙守备真怒了，不然，老张怎算得了老张呢！"我要救她，我不能叫一朵鲜花插在你这堆臭粪上！"

孙守备怒了，然而还说要救李静，这有些出乎老张意料之外；不要紧，看风转舵，主意多着呢！老张看了看自己的罗盘，又笑了一笑，然后说：

"到底老人家有什么高见？咱听一听！"

"打——官——司！跟你打——官——司！"孙守备一字一字清清楚楚的说。

打官司？是中国人干的事吗？难道法厅，中国的法厅，是为打官司设的吗？别看孙守备激烈蹦跳的说，他心里明白自己的真意。他作过以军职兼民事的守备。打官司？笑话！真要人们认真的打官司，法官们早另谋生活去了。孙守备明白这个，那么老张能不明白？

"老人家！"老张笑着说："你呢，年纪这么高了；我呢，我也四五十了，咱们应当找活道走，不用往牛犄角里钻。老人家，你大概明白我的话，打官司并不算什么希罕事！"

"活路我有：李静交我带走，龙家的事我们另办，没你的事，你看怎样？"孙守备问老张。

要不是为折债，谁肯花几百元钱买个姑娘？"以人易钱"不过是经济上的通融！那么，有人给老张一千元，当然把李静再卖出去！退一步说，有人给李静还了债，当然也可以把她带走。虽然老张没赚着什么，可是到底不伤本呢！所以我们往清楚里看，老张并不是十分的恶人，他却是一位循着经济原则走的，他的头脑确是科学的。他的勇敢是稳稳当当的有经济上的立脚点；他的退步是一卒不伤平平安安的把全军维持住。他决不是怯懦，却是不卤莽！所不幸的是他的立脚点不十分雄厚稳健，所以他的进退之际不能不权衡轻重，看着有时候像不英武似的。果然他有十个银行，八个交易所，五个煤矿，你再看看他！可怜！老张没有那么好的基础！"资本厚则恶气豪"是不是一句恰对的评语，我不敢说，我只可怜老张的失败是经济的窘迫！

"我花钱买的姑娘，你凭什么带了走？"老张问。

"给你钱我可以把她带走？"孙守备早就想到此处，也就是他老人家早就不想打官司的表示。

"自然！"

…………

第四十一

人家十四岁的男女就结婚,一辈子生十六胎,你看着多了,不合乎优生学的原则了;可是人家有河不修,有空地不种树,一水一旱就死多少?十六胎?不多!况且人家还有,除了水旱,道德上,伦理上种种的妙用呢?童养媳妇偷吃半块豆腐干,打死!死了一个,没人管!借用一块利息钱的,到期不还,死罪!又死了一个,没人管!又死了一个,或是一群,没人管!你能生多少?十六个!好!生!二十六个也不多!没人管!没人管你生,没人管你死,岂非一篇绝妙的人口限制论!而且这样的学说在实行上,也看着热闹而有生气呢!

老张明白这个,哪有哲学家不明白这点道理的?花钱买姑娘,那比打死一个偷吃半块豆腐干的童养媳慈善多了,多的多!买了再卖,卖了再买,买了打死,死了一个再买两个,没人管!孙守备要管?好!拿钱来!

孙守备呢?他也明白这个。钱到事成。不用想别的?打官司?法治国的人民不打官司!

于是,老张拿着一卷银票,精精细细的搁在靠身的衣袋内(可惜人们胸上不长两个肉袋)。然后去到庆和堂的账房,把早晨摆的那两桌酒席,折到孙八的账上。又央告茶房把他的那几块红幛和南飞生送的喜联摘下来。把红幛和喜联一齐卷好,

他问:

"挂幛子的铁钩呢?"

"那是我们的!"茶房回答。"你要吗?一个铜子一个!"

"那么,你们收着罢!再见!"

老张把红幛等夹在腋下出了庆和堂。走一步摸三回,恐怕银票从衣袋中落出来。一面摸一面想,越想越好笑,对自己说:"这群傻蛋!咱没伤什么!明天早晨上市,这几块红幛不卖一块两块的;这对喜联?没人要!好歹还不换两包火柴!……"他出了德胜门天已渐黑,远处的东西已看不甚清楚。

发财的人,走道看地;作诗的人,走路看天。老张是有志发财的,自然照例眼看地。他下了德胜门吊桥,上了东边的土路。眼前黑糊糊好像一个小钱包。他不敢用手去摸,怕是晚间出来寻食的刺猬;心里想到这里,脚不由的向前一踢。要是皮包当然是软的,这件东西也确是软的,然而一部分黏在他的鞋上——新鞋!"倒霉!妈的,不得人心的狗,欺侮你张太爷!"

他找了一块土松的地方,轻轻的磨鞋底。然后慌忙的往家里奔,怕黑夜里遇见路劫。他倚仗着上帝,财神,土地的联合保佑!平安到了家,一点东西没吃,只喝了一气凉水。把银票数了三四回,一张一张的慢慢的放在箱内,锁上,把钥匙放在衣袋内。然后倒在床上睡他的平安觉!

…………

孙守备叫赵四送王德回家,王德只是呆笑。赵四把王德用绳拦在洋车上,送他回家。

孙守备和李静坐了一辆马车回德胜门外。

李山东帮助孙八算清了账一同回家。李山东看着孙八进了门,然后折回铺子去。

孙八进了街门没话找话说:"小三,小四!还没睡哪?"

"啊!爹回来了!你娶的小媳妇在那儿哪?给我瞧瞧!"小三说。

小四光着袜底下了地,扯住孙八向衣襟各处翻。然后问:"你把小媳妇藏在哪儿啦?"他平日与孩子们玩耍的时候,"娶姑娘","送姐姐",都是一些小布人,所以他以为他爹的小媳妇也是一尺来高的。

"别闹!别闹!你妈呢?"孙八问。

"妈在屋里哭哪!都是你这个坏爸爸,娶小媳妇,叫妈哭的像'大妈虎子'似的!坏爸爸!"

第四十二

庆和堂,孙、张办喜事的第二天,孙守备早晨起来去开街门。门儿一开,顺着门四脚朝天的倒进一个人来。

"喝!我的老头!开门不听听外面有打呼的没有哇。"赵四爬起来笑着向孙守备行了一礼。

"赵四,你怎么这样淘气,不叫门,在这里睡觉!"孙守备也笑了。

"叫门!我顶着城门来的,天还没亮,怎能叫门?所以坐在这里,不觉的作上梦了。"

"进来!进来!"

赵四跟着孙守备进了外院的三间北屋,好像书斋,可是没有什么书籍。

"你该告诉我龙家父女的事了!"孙守备说。

"别忙!老头儿!给咱一碗热茶,门外睡的身上有些发僵!"

孙守备给了赵四一碗热茶,赵四特卤特卤的一气喝完,舒展舒展了四肢,又拍了拍脑门。"得!寒气散尽,热心全来;老头儿咱要说了!"

"说你的!"

"龙树古欠老张的钱是真的。老张强迫老龙卖女儿还债是真的。八爷出一千多元买龙凤也是真的。只有龙树古卖女儿是假的。他不能卖他的女儿,可是老张的债是阎王债,耽搁一天,利钱重一天,所以他决定先还清老张,再和八爷央告,这是他的本意,据我看他不是坏人。"

"他们逃到哪里去?"孙守备问。

"他们没逃,他们专等见八爷,或是你,老头!"

"无须见我,你去和八爷说,叫龙树古写张字据分期还钱,不必要利息!你看这公道不公道?你办得明白吗?"

"我明白!老头!别人的事我办的明白干脆,就是不明白咱自己的事!"

一阵敲门的声响,赵四跑出去:"找谁?我是赵四!这是孙老头的家!"

"四哥,我和我叔父来了!"

赵四并不问孙守备见他们不见,毫不怀疑的把他们领进来。快到屋门他才喊起来:"老头!有人来了!"

李老者扶着李静,慢慢的进屋里去,深深的向孙守备行了一礼,没有说什么。

"姑娘你好了?"孙守备问李静。

"我好了!叔父和我特来谢谢你的大惠,只是他与我不知道说什么好!"李静说。

"姑娘,不用说别的!我自己的女儿要是活着,现在比你大概大两三岁,也是你这么好看,这么规矩。她死了!我看见你就想起她!"孙守备看着李静,心中一阵酸痛,泪流下来了!李静不由的也哭了!

赵四用脚尖走出去。他不怕打仗,只怕看人哭。

"姑娘!"孙守备拭着泪说:"你们叔侄此后的生活怎样?"

李静看了看她的叔父，李老人微微向她摇了摇头。她不知道说什么好，不由的脸红了。

"孙老者！"李老人低声的说："以往的事我们无可为报，也没有可说的，以后的事只看我们叔侄的命运罢！"

"老先生！"孙守备很诚恳的对李老人说："我明白你的高傲，现在呢，我决不是为你，自然也不是为我；我们年纪都老了，还希望什么不成？可是我们当为姑娘设想。怎样安置她是唯一的问题。"

李老人一声没言语，李静呆呆的看着两个老人，没有地方插嘴。

赵四又进来了，一边腋下夹着小三，那一边夹着小四，两个孩子用小手指头刺赵四的膈肢窝，赵四撇着大嘴哈哈的笑，两个孩子也笑的把脸涨红像娇嫩的红玫瑰花片。这是小三，小四头次见赵四，好像赵四有一种吸引力，能把孩子们的笑声吸引出来。赵四的脸在孩子们的小黑眼珠里是一团笑雾蒙着，无论怎么看也可爱，可笑。

赵四把两个孩子放在地下，孙八跟着也进来。孙八看看叔父，看看李静，脸上红了两阵，羞眉愧眼的坐下，连一声"辛苦"也忘了说。

"八爷！"孙守备对孙八说："龙家的事我都告诉了赵四，你们快去办。"

"就是！"孙八点了点头。

李老人立起来，向孙家叔侄行了一礼，然后对孙老者说："改天再谈！"

李静扶着叔父慢慢走出来，孙家叔侄只送到院里。

"这位老人颇文雅呢！"孙老者对他侄子说。

"就是！"孙八说。

"也很自尊！"赵四说。

"就是！"孙八又说。

"赵四！"孙守备向赵四说。"你自己的事怎样？"

"事全是人家的，我永远没事！"赵四回答。

"你吃什么呢？"

"拉车！饿不死！人家不愿意去的买卖，咱拉！人家不敢打的大兵，咱敢！我倒不能饿死，只怕被人家打死；可是打死比饿死痛快！"赵四得意非常，发挥自己的心愿。跟着拍着嘴学蛤蟆叫唤，招的小三，小四跳起脚来笑。

"这么着，"孙守备说："你真到过不去的时候，你找我来，我现在什么也不敢给你！"

"哼！老头儿！咱平生没求过人！我要来看你，是我有钱的时候！别的，不用说！老头儿！咱们心照罢！"

"赵四！你是个好小子！八爷！你同赵四去办龙家的事罢！"

"就是！叔父！"

"你别走！别走！"小三，小四拉着赵四不许他出门。

"你们等着我！我去给你们拿小白老鼠去！这么小！"赵四用拇指控着食指的第一节比画着说。

小三，小四松了手，赵四一溜烟似的跑出去。

第四十三

王德自从被赵四送回家，昏昏沉沉的只是傻笑。饭也不吃，茶也不想，只整瓢的喝凉水。起初还扎挣着起来，过了两天头沉的像压着一块大石头，再也起不来。终日像在雾里飘着，闭上眼看见一个血淋淋的一颗人头在路上滚，睁开眼看见无数恶鬼东扯西拉的笑弄他！醒着喊："静姐，不用害怕！刀！杀！"睡着喊："老张！看刀！杀！人头！……"

王老夫妇着了慌，日夜轮流看着儿子；王夫人声声不住的咒骂李静，王老者到村中请了医生，医生诊视完毕，脉案写的是："急气伤寒，宜以散气降毒法治之。"下了几味草药，生姜灯心为引。嘱咐王老者，把窗户关上，服药之后，加上两床棉被，手心见汗，就算见效。王老者一一的照办，不料王德的体质特别，药吃下去，汗也没出，气更大了：把两床棉被一脚踢下去，握着枕头，睁着血红的眼睛，说："往哪里跑，杀！"

医药不灵，第二步自然是求神，所谓"先科学后宗教"者是也。于是王夫人到西直门外娘娘庙烧香，许愿，求神方。神方下来，除香灰大葱胡用阴阳水服用之外，还有一首小诗：

"万恶淫为首，百善孝当先。欲求邪气散，当求喜冲天。"

王夫人花了五个铜元的香资求娘娘庙的道士破说神方上的启示。道士说："邪气缠身，妖狐作祟，龙凤姻缘，灾难自退！"

王夫人虽不通文理，可是专会听道士，女巫的隐语，因为自幼听惯，其中奥妙，不难猜度。于是她三步改作两步走，跑到家里和丈夫商议给儿子娶妻以冲邪气。王老者自然不敢故违神意，咬着牙除掉了三亩地，搭棚办喜事。为儿子成家，无法，虽然三亩地出手是不容易再买回来的！

娶的是德胜门关外马贩子陈九的二女儿，真是能洗，能作，能操持家务！而且岁数也合适，今年她才二十七岁。由提亲到迎娶，共需四十八点钟。王家是等着新娘赶散邪气，陈家是还有四个姑娘待嫁，推出一个是一个，越快越不嫌快。

王德迷迷糊糊的被两个头上全戴着红石榴花的老妇人扶着，拜了天地入洞房。

果然，他一来二去的清醒过来。看见身边有个大姑娘，把他吓了一跳，喊起来："妈！妈！快来！"

"来了！我的宝贝！你可知道叫'妈'了！你个倾人的货！"王夫人看见儿子明白过来，又是哭又是笑。

"她是谁？"王德还是坐不起来，用手指着陈姑娘。

"她！我的宝贝！不亏了她把你的邪气冲散，你就把我倾死了！"说着王夫人又落下泪来。"她是你的媳妇！"

王德眼前一黑，喉中一阵发甜，一口鲜血喷在被子上，两眼紧闭，脸像黄蜡一般。

"我的宝贝！王德！王德！你可别要妈的命啊！王德！"王夫人哭成泪人儿一般，陈姑娘也立在一旁落泪，而不敢高声的哭，就是哭也不知道哭什么好。

王老者跑进来也吓呆了，只能安慰着他们说："淤血吐出来就好了！去！沏白糖水，灌！"

王德慢慢的还醒过来，不知是糖水的功用，还是什么，他身体弱的起不来，半个多月才渐渐的坐起来。

拿水拿饭，以至于拿尿壶，陈姑娘本本分分的伺候王德。他起初还不理她，而她低声下气的作，一毫怨怒都没有。王德不由的心软起来，开始与她说话。王夫人听见小两口说话，心中笑的她自己也形容不出来。

家庭间要是没有真爱情，可以用魔术替代之！聪明的中国人的家庭制度永远不会衰败，因为他们都会耍魔术。包袱里，包袱面，无有夹带藏掖，说变就变，变！王德就是包袱底下的那只小白兔，那只小花耗子！至于她，陈姑娘，还不过是一个张半仙手指缝夹着的小红豆！及至他明白了他是小白兔，他还不能不承认他与她小红豆，同是魔术家的玩物；因为怜爱她，安慰她，谁叫同是被人耍的材料呢！你要恨她，离弃她，除了你真能战胜一切魔术家，她又何曾甘心在包袱和指缝之间活着呢！

王德渐渐复了元气，家庭间倒也相安无事，他到前门外把行李取回来，又到报馆去看蓝先生，蓝先生依然不见他；于是他死心踏地的帮助父亲作地亩中的工作，不敢再冒险去进城找事。再说，现在他不是要为自己活着了，是要对妻子负责了，还敢冒昧着干吗？而浪子回头，青年必须经过一回野跑，好像兽之走圹。然后收心敛性的作父母的奴隶，正是王老夫妇所盼望的！

对于李静，他没有忘她，然而不敢去见她，也不敢想

213

她；他已有了女人，他应当对他已有的女人负责！他软弱？难道陈姑娘不可怜？因为她的可怜而牺牲了真的爱情？无法！谁叫你事前无勇，事后还有什么可说的！

李静呢？听说王德结了婚，只有听着！她只有一天消瘦一天，这是她所能作到的，别的？……

第四十四

"姑娘,你自己的事还要留心啊!你知道妇女一过了年青的时候,可就……"龙树古对龙凤说。

"我明白!父亲!不过,我立志等着李应!"龙凤很坚决的说。

"可是他到哪里去?是生是死?全不得而知!就是他没死,为什么他一封信也不给你写,这是他爱你的表示吗?"

"给我写信不写,爱我不爱,是他的事;我反正不能负他,我等着他!"

"那么你不上奉天去?"龙军官有些着急的样子。

"我在这里等着他!"

"那就不对了,姑娘!奉天的工作是上帝的旨意!上帝选择咱们父女到奉天去,难道我们不服从他吗?"

龙凤眼含着泪,没有回答。

"再说,"龙军官接着说:"上奉天并与等李应不冲突,你可以在奉天等他呀!我们的事是私的,上帝的事是公的,我们不能只顾自己而误了上帝的事业!"

"上帝的事业与人们的爱情有同样的重要!我知道李应什么时候回来,他回来而我走了,我们何年再能见面?父亲,你上奉天,我依旧在这里,难道你不放心?"

"我是不放心!自从你母亲死后,我寸刻离不开你!我要不为你,何苦受这些罪?"

他们父女全低着头落泪,待了半天,龙凤问:

"要是我出嫁了,还能和父亲一处住吗?"

"那是另一回事,出嫁以前我不能离开你!姑娘别傲性,你再听一回父亲的话,哪怕只此一回呢?"

怎样新的人也不会把旧势力铲除净尽,主张"非孝"的家庭革命者可以向父母宣战,然而他受不起父母的央告,软化;况且父母子女之间的爱情,有时候是不能以理智判断分析呢?龙凤无法!她明白什么是"爱",可是她还脱不净那几千年传下来的"爱"的束缚——"爱"是子女对父母的孝敬!

龙树古受华北救世军总部的委派,到奉天立支部宣扬福音,所以他们父女有这一场的小冲突。龙树古已与孙八说妥还债的办法,而到奉天去的原因的一个,听说是到奉天可以多挣几块钱。

龙凤的苦处已非她一颗珍珠似的心所能容了!她怀疑了她的父亲,到底他的一切设施,是不是为她?她把李应丢失了,设若李应没有走,她的父亲是否真意的把她给李应呢?她向来对于父亲非常亲爱,今日忽然改变?她真的爱李应,将来她的父亲要是追她嫁别人呢?……她看不清楚,想也想不明白,她怀疑她的父亲,可是她还不敢不服从他。……

教会中开欢送会,欢送龙家父女。祷告,唱诗循序作过,一位华北总会派来的军官致词,大意是:"信着上帝的支配,救世军布满全球;凭着我们的信力,驱逐一切魔鬼!去了私念,戴上上帝的衣帽;舍了生命,背起耶稣的苦架。牺牲了身体,寻求天国的乐趣!……这是龙家父女的责任……阿门!"

龙家父女一一和会中人握了手，致了谢，慢慢的走出教会。

赵四右手拿着一束玫瑰花，左手提着一小匣点心。双手齐举迎上龙家父女去。把花递给龙凤，把点心递给龙军官。然后对她说：

"这几朵花是吉祥如意!"

对他说：

"这几块点心吃了解饿!"

说完，一语不发的垂手而立看着他们父女。

他们明白赵四的意思，笑着接了东西，向赵四道谢。

"你们几时走?"赵四问。

"还有一半天的工夫。"龙军官回答。

"有用我的地方没有?"赵四又问。

"有!"龙凤没等她父亲张口，抢着说。"四哥，你去给我买一点茶叶去! 我今天五点钟回家，你要买来，那个时候给我送去顶好!"

"就那么办!"赵四接了龙凤的钱去出城买茶叶。

…………

"你父亲呢?"赵四问龙凤。

"出门了，这是我叫你这个时候来的原因。四哥! 我父亲对我的态度到底怎么样，你明白不明白?"龙凤十二分恳切的问。

"我不明白，"赵四说："可我也不敢错想了人! 以前的事错都在你们!"

"谁?"

"你与李应，李静与王德！"

"怎么？"

"不敢跑！不敢跑！现在，把跑的机会也没有了！"

"四哥！"龙凤叹了一口气，"往事不用再说。我问你，李应是生是死？"

"他要是跑了，他就是活了；我没得着他的消息，可是我敢这么下断语！"

"万一他要回来，你可千万告诉他，我还等着他呀！"

"我不上心，我是狗！"赵四当着妇女不敢起极野的誓！

"四哥！我谢谢你！以后的消息是全凭你作枢纽了！"

"没错，姑娘！"

"好！这是我的通信处，他回来，或是有消息，千万告诉我！"

"可我不会写字呢？"

"姓赵的赵你会写罢？"

"对付着！"

"一张白纸上写着一赵字，再求别人写个信封，我就明白是他回来了！四哥，办的到办不到？"

妇人要是着急，出的主意有时候轻微的可笑，可是她们的赤子之心比男人多一点！

"办的到！好！姑娘，一路平安！"

第四十五

赵四没有什么哲学思想,他对于生、死、生命……等问题没有什么深刻的见解。他也不似诗人常说"生命是何等酸苦的一篇功课呢!死罢!"他只知道:到生的时就生,到死的时候就死!在生死中间的那条路上,只好勇敢的走!可是,到底什么时死呢?据他想:典当铺里没有抵押品,饼铺里不欠钱,穿着新大褂,而且袋中有自由花的两角钱,那就是死的时候!

赵四的理想有一部分的真理:人们当在愁波患海之中,纵身心微弱,也还扎挣着往前干,好像愁患的链锁箍住那条迎风欲倒的身体,欲死而不得。这样的一个人,一旦心缝中觉得一阵舒服,那团苦气再拧结不住;于是身上一发轻,心中一发暖,眼前一发亮,死了!

李老人便是这么一个在患难中浮泛的人,他久病的身体好似被忧患捆住,胶住,他甘心一死,而那条酷虐的铁链越箍越紧,他只能用他的骨瘦如柴的身躯负着那一片海水似的愁闷。现在,他把老张的债清了,他的侄女又在他的左右了,他的侄子跑了,跑了是正合他的意,于是他心里没有可想的了,那层愁苦的胶漆失了紧缚之力!他自己知道,于就寝之前,自己照了照镜子,摸了摸眉间的皱纹,觉得舒展开了。点了点头,叹了一口气,盖好了被子,长眠去了!

…………

　　他死了！死去一天，两天，三天，……世界上没有事似的：风吹着，雨落着，花开着，鸟唱着……谁理会世上少了一个人！

　　她，李静，闭眼看见他，睁眼看见他，他还是她自幼相从的叔父，然而他可摸到的身体已埋在沙土之中了！风，雨，花，鸟，还依然奏着世界的大曲，谁知道，谁理会世界上少了一个人，世界上有个可怜的她！

　　王德在灵前哭了李老人一场，然而没有和她说话！她又看见了他一次，他已经是别个女人的他了！

　　赵姑母只在李老人死的第二日哭了她兄弟一阵，把李老人所卖的五彩瓶的钱，除李应花去的，还有二十多元，交给李静，一句话没多说的走了！她不能理李静，李静是个没廉耻的女孩子，临嫁逃走的！

　　蓝小山写来一对挽联，穿着一身重孝，前来吊唁。然后对她供献他的爱情，这是他的机会，她没有理他！

　　孙守备帮助她料理丧事，安慰着她："姑娘！我就当你的叔父，你将来的事有我负责，只不要哭坏你的身体！……"

　　王德是别人的了！

　　李应不知到哪里去！

　　姑母家回不去，也不肯去！

　　蓝小山的爱情不能接受！

　　孙守备的恩惠无可为报，而他的护持也不能受，他的思想和她的相隔太远！

　　别人，没有知道她的，更没有明白她的！

……………

她找她叔父去了！

花谢花开，花丛中彼此不知道谁开谁谢！风，雨，花，鸟，还鼓动着世界的灿烂之梦，谁知道又少了一朵鲜美的花！她死了！

……………

这段故事的时期，大概在中华民国八九年到十一二年之间。到现在我写这个故事，一切的局面已经不是前几年的故态；如步军统领衙门几年前还是个很有势力的，现在已经是历史上的材料了！我们书中的人物，死的没法再生，而生的在这几年内，又变化万端了。

我们第一位英雄老张，因他盟兄李五作了师长，一个电报送到北京政府保荐老张作南方某省的教育厅长。老张与教育厅长两名词发生关系以后，自有新闻纸与政府公文作将来为老张写传记的材料，不用我们分心。我所应当在这里附带说一两句的是：老张作厅长之后娶了两个妾，一共还没用了五百块钱。这是他平生最得意的事。……

听说李应跑到天津，现在已经成立了一些事业。他由赵四处得到龙凤的通信处，给她写过几封信，而一封回信也没接到。据传说龙凤嫁了一个富人，她的父亲已辞去教会的事不作，而与女儿女婿一处住。李应当怎样的难受？……

孙八经孙守备的监视，不敢再萌娶妾的心。大概俟孙老者死后再说。可是现在孙老者还十分健壮。龙树古把欠孙八的钱还清，孙八把一千多元都交给了李山东，扩充他的买卖。……

南飞生因作事有手腕，已经作了县知事，听说也颇赚钱呢!

王德父亲死了,他当了家,而且作了父亲,陈姑娘供献给他一个肥胖的大男孩!……

蓝小山换了一副玳瑁边的赭色眼镜,因为蓝眼镜好像不吉祥似的。别的事,与其说我们不知道,还不如说我们不明白蓝小山的玄妙,较为妥当。

赵四还是拉车挣饭吃,有一次真买了一对小白老鼠给小三,小四送去。据小三说,那对小白老鼠也不如赵四有趣!……